유머와 지혜의 이야기 99

초판 인쇄 | 2011년 11월 20일
초판 발행 | 2011년 11월 25일
엮은이 | 채형민
펴낸곳 | 도서출판 새희망
펴낸이 | 조병훈
디자인 | 디자인 감7
등록번호 | 제38-2003-00076호
주소 | 서울시 동대문구 제기동 1157-3
전화 | 02-923-6718   팩스 | 02-923-6719

ISBN  978-89-90811-30-1  02810

값  6,500원

* 잘못된 책은 바꿔드립니다.

# 유머와 지혜의 이야기 99

채형민
엮은이

새희망

# 목 차

행복의 힘·11
도박사의 유언·13
사물에 대한 진정한 이해 14
목사의 운명론·16
아버지의 본심·17
도둑의 아들·18
엄마의 이야기·22
청년과 신부·24
사기꾼의 명예·26
청혼·27
현명한 거래·29
복수의 다른 이름·31

잘못된 계산·33
아버지의 헛소리·35
소리가 들릴 때까지·36
침착·37
재주와 천재·39
사실과 진실·41
사람은 없다·42
이유있는 결혼·44
또 하나의 힘·45
집 지키는 강아지·46
영화감독의 꿈·47
불행한 성공·48
질투·50

현명한 대답·52

성자의 지혜·55

미친 이유·57

초승달과 보름달의 해석·59

장님과 절름발이·61

자기 얼굴에 대한 책임·62

욕심·63

완벽한 결혼·65

고양이의 사랑·67

부인의 복통·68

완벽한 홍보·70

구두쇠의 희망·71

명답·73

어리석은 대화·75

산다는 것은·77

어긋난 유전·79

죽음에 대한 정의·80

즐거운 잠·82

파혼 이유·84

여도(餘挑)의 죄·86

천수의 비밀·88

결혼 생활·90

명령불복·91

행복찾기·92

가난 속의 안식·94

바보의 현명한 논리·96

무죄 · 99

암탉의 여행 · 101

반복된 실수 · 103

전문가의 비애 · 104

수업료 · 106

최후의 변호 · 108

변명 · 110

결혼의 위험 · 112

도조의 침묵 · 113

두 개의 넥타이 · 115

닭고기와 물고기 · 116

한 페이지의 원고 · 118

사자와 여우 · 120

문제 해결 · 121

사내의 주장 · 123

뿌리의 비결 · 125

나만 아는 사실 · 127

젊은 수도승과 처녀 · 129

아름다운 표현 · 132

진리 속의 진리 · 134

치료방법 · 135

사랑의 첫 발자국 · 137

낯선 세계 · 139

2달러 · 141

3층 누각 · 143

교황의 참을성 · 145

신의 존재 · 147

공덕천과 흑암천 · 149

장례비용 · 151

신사의 인생관 · 154

과수원의 도둑 · 155

토끼의 의문 · 156

오늘 당장 실천하라 · 158

철학적 결정 · 160

용감한 개 · 162

보물의 꿈 · 163

필요악 · 167

훌륭한 가르침 · 168

악의 유혹 · 171

건강의 비결 · 173

수상의 정신병 · 175

이상한 수입품 · 177

현명한 선택 · 179

돈의 정의 · 181

마음의 병 · 183

진찰 기록 · 185

삶의 목적 · 188

직업은 못 속여 · 190

항상 친절하면
많은 것을 이룰 수 있다.
햇빛이 얼음을 녹이듯이
친절은
오해, 불신, 적대감을 녹여버린다.

-알베르트 슈바이처-

삶을 풍요롭게 하는
# 유머와 지혜
## 51가지 이야기

# 행복의 힘

**평화와 행복**의 상징인 파랑새 한 마리가 여름 동안 나뭇가지에 앉아 아름다운 노래를 불렀다. 머잖아 다가올 겨우살이 준비를 해야 하는데도 파랑새는 끊임없이 사랑의 노래를 불렀다.

파랑새와 가까운 이웃에는 들쥐 한 마리가 살았다. 그 들쥐는 날이면 날마다 보리밭과 옥수수 밭을 들락거리며 온갖 곡식들을 몰래몰래 끌어다 곳간에 쌓아 두었다. 들쥐는 하느님이 파랑새의 몫으로 정해놓으신 빨간 나무 열매마저도 훔쳐가 버렸다.

어느덧 여름도 가을도 가고 겨울이 왔다. 허기진 파랑새는 들쥐를 찾아가 자기 몫이었던 나무 열매를 한 알만이라도 달라고 간청했다. 그러나 들쥐는 이를 냉정하게 거절했다.

추위와 굶주림에 지친 파랑새는 초라한 모습으로 날개를

접어 죽어갔고, 들쥐는 곡식이 가득 찬 곳간에서 배불리 먹으면서 뒹굴었다. 가끔 멀리서 파랑새의 슬픈 노랫소리가 들려왔지만 들쥐는 못 들은 척 흘려버렸다.

그러던 어느 날 갑자기 파랑새의 노랫소리가 끊겼다. 그때부터 들쥐는 이상한 공허에 휩싸였다. 노랫소리가 늘 들릴 때는 대수롭지 않게 생각했던 들쥐는 그제야 그 노래의 의미를 깨달았다.

들쥐는 견딜 수 없이 적막하고 외로웠다. 이리저리 헤매 보고 곳간 밖도 내다보았지만 여전히 답답하고 허전했다. 들쥐는 어떻게 해서라도 파랑새의 노랫소리를 다시 듣고 싶었다. 그러나 그것은 이미 돌이킬 수 없는 일이었다. 들쥐는 점점 식욕을 잃고 몸도 쇠약해졌다. 그러다 마침내 곡식이 잔뜩 쌓여 있는 곳간에서 홀로 죽어갔다.

행복과 불행 사이에서 살아가는 우리는 불행을 강하게 느끼지만 행복은 너무 짧고 약하다고 생각합니다.

# 도박사의 유언

**죽음**을 눈앞에 둔 늙은 도박사가 아들에게 유언을 했다.

"아들아, 너만은 절대 카드에 손대지 않겠다고 약속해다오. 무엇보다도 블랙잭은 절대 하지 말거라. 그건 재산을 잃게 하고, 시간을 허비하게 하고, 건강을 해치게 하며, 수많은 고뇌와 고통이 뒤따르는 무서운 도박이란다. 나를 데려가기 위해 오신 자비로운 죽음의 사자들과 전지전능한 신을 증인으로 맹세하렴. 절대로 블랙잭은 하지 않겠다고. 더불어 카드도 절대 하지 않겠다고 말이야."

효성이 지극한 아들이 울먹이며 대답했다.

"약속하겠습니다, 아버지."

늙은 도박사가 숨을 가쁘게 내쉬며 다시 당부했다.

"그리고 반드시 이 점을 명심해라. 어쩔 수 없이 도박을 하게 될 경우에는 반드시 물주를 잘 선택해야 한다."

# 사물에 대한 진정한 이해

불교의 선문답에서는 대나무를 그리려면 대나무가 되어야 한다고 말한다. 어느 날 한 선사가 제자를 숲으로 보내 스스로 대나무가 되라고 말했다. 그 제자는 아주 유명한 화가였다.

"네가 대나무가 되었을 때 곧바로 돌아와 그림을 그려라. 너 스스로 대나무가 되기 전에는 아무리 그림을 잘 그려도 근본적으로 잘못된 것이다. 그것은 내면에서부터 대나무를 알지 못했기 때문이다."

제자는 숲속으로 들어갔고 그 후 3년 동안 그를 보았다는 사람이 아무도 없었다. 제자와 소식이 끊기자 선사는 걱정이 되었다.

'너무 오래 걸리는 것 아닌가?'

시간이 흘러 선사는 점점 늙어갔고 기다리다 못한 선사는 마침내 사람들을 보내 제자를 찾게 했다. 그는 사람들을 보내기 전에 이렇게 당부했다.

"대나무를 하나하나 잘 살펴보아라. 그는 틀림없이 대나무가 되어 있을 것이다."

사람들이 제자를 찾았을 때 그는 정말로 대나무가 되어 있었다. 매우 아름다운 아침이었다. 부드러운 바람이 불자 대나무들이 바람 따라 이리저리 흔들렸다. 그를 찾으러 갔던 사람들은 경이감과 신비감에 취해버렸다. 그는 더 이상 사람이 아니었다. 그는 자기 자신을 완전히 잊은 하나의 대나무였다. 그의 발은 뿌리처럼 땅속에 묻혀 있었고, 그의 몸은 대나무와 똑같이 흔들리고 있었다.

사람들이 그를 끌어내 선사에게 데려왔다. 선사는 제자를 자세히 살펴보더니 이렇게 말했다.

"이제 됐다. 너는 내면으로부터 대나무를 알게 되었다. 그것이 진정한 깨달음이다. 그것이 살아 있는 삶이다."

 사물에 대한 완전한 이해는 사물과 일체가 될 때 비로소 얻을 수 있는 것이다.

# 목사의 운명론

2차 세계대전 당시 한 목사가 군인들에게 운명론을 설교하며 미래를 염려하지 말라고 말했다. 아무리 죽음을 걱정한다 해도 만일 죽음이 예정되어 있다면 총탄이 기어코 가슴에 박힐 것이며, 만일 죽음을 피하게 될 운명이라면 어떤 전쟁터에서도 가슴을 명중시킬 총탄은 없을 것이라는 말이었다.

그러던 어느 날 전투가 벌어졌다. 총탄이 퍼붓기 시작하자 목사는 근처에 있는 제일 큰 나무 밑으로 황급히 몸을 숨겼다. 그때 마침 한 병사가 뒤에서 그 광경을 지켜보고 있었다. 병사는 목사에게 달려가 어찌하여 은신처를 찾느냐고 물었다. 그러자 목사는 이렇게 말했다.

"자넨 내 운명론을 충분히 이해하지 못했군."

"지금 이 순간의 내 운명은 나무 뒤로 숨도록 되어 있단 말이야!"

# 아버지의 본심

한 젊은이가 결혼하기로 마음을 정한 뒤 몇 가지 조언을 구하기 위해 아버지에게 편지를 썼다. 그리고 얼마 후 아버지로부터 답장이 왔다.

사랑하는 아들아.

네가 곧 결혼을 한다니 네 어머니와 나는 얼마나 기쁜지 모르겠구나. 너도 이제 곧 결혼이 이 세상에서 가장 아름다운 축복이요, 행복이라는 것을 알게 될 것이다. 식탁 너머로 네 어머니를 바라볼 때마다 나는 우리 부부가 함께 살아온 지난날들이 너무도 아름답고 행복했다는 것을 깨닫는단다. 무슨 일이 있어도 결혼은 꼭 하도록 해라. 우리는 기꺼이 너희를 축복해 줄 것이며, 네가 결혼하는 날이 네 인생에서 가장 행복한 날이 될 것이다.

추신 - 네 어머니가 방금 나갔다. 이 바보 같은 녀석아! 절대로 결혼하지 마!

# 도둑의 아들

한번도 잡힌 적 없는 명성이 자자한 도둑이 있었다. 어느 날 그의 아들이 아버지에게 말했다.

"아버지, 아버지도 이젠 늙으셨잖아요. 그러니 제게 기술을 전수해 주세요."

그러자 아버지가 말했다.

"그래, 좋다. 하지만 중요한 것은 기술이 아니라 숙련된 경험과 직감이란다. 그러니 오늘밤 나와 함께 나가보자."

그날 밤, 아들을 데리고 나간 아버지는 대궐같이 큰 집을 택했다. 몹시 추운 밤이었는데도 아들은 땀을 뻘뻘 흘렸다. 그러나 아버지는 마치 자기 집에서 행동하는 것처럼 능숙하고 자연스럽게 벽에 구멍을 내고 안으로 들어가 아들을 불렀다. 아들은 아버지의 뒤를 따라 구멍 안으로 들어갔다.

아들은 두려움 때문에 아무것도 볼 수 없었다. 그러나 아버지는 아들을 데리고 계속 집으로 들어갔다. 그는 집의 구조를 미리 조사한 것처럼 능숙하게 여러 개의 문을 열고 여러 개의 방을 살폈다. 이윽고 아버지가 벽장문을 열고 아들에게 말했다.

"들어가서 제일 값비싼 옷을 꺼내오너라."

아들은 아버지가 시키는 대로 벽장 안으로 들어갔다. 그 순간 아버지는 밖에서 문을 걸어 잠그고는 '도둑이야' 하고 크게 소리를 지른 뒤 달아났다.

잠시 후 그 집 사람들이 모두 잠에서 깨어나 웅성거렸다.

벽에 구멍을 냈으니 잠시 후면 들통 날 것이 뻔했다. 벽장 안에 갇힌 아들은 예상치 못한 사태에 어쩔 줄 몰라 하며 그저 숨을 죽인 채 벌벌 떨고 있었다.

'아버지가 미치셨나? 도대체 이게 무슨 가르침이란 말인가?'

아들은 신에게 기도하기 시작했다.

"이것이 저의 처음이자 마지막 도둑질입니다. 주여, 앞으로 이런 짓은 생각조차 하지 않겠으니 도와주십시오."

그때 한 하인이 촛불을 들고 들어와 방 안을 살피기 시작했다. 순간 아들은 자신도 모르게 '찍찍' 하고 쥐 울음소리를 흉내 내기 시작했다. 그리고는 하인이 벽장문을 열고 안을 들여다보는 순간 재빨리 하인이 들고 있던 촛불을 끄고는 밖으로 도망치기 시작했다.

하인과 동네 사람들이 그를 뒤쫓았다. 그러다 우물가에 다다른 아들은 커다란 돌을 하나 들어 우물 속에 던지고는 재빨리 나무 뒤에 몸을 숨겼다. 풍덩 하는 소리가 어둠 속에 울려 퍼졌다. 쫓아오던 사람들이 모두 우물가에 멈춰 서서 우물 속을 들여다보았다. 사람들은 도둑이 우물 속에 빠졌다고 생각했다.

"아침에 우물 속을 살펴보고 죽었는지 살았는지 확인하면 돼. 죽지 않았으면 감옥으로 보내지 뭐."

아들이 우여곡절 끝에 집에 돌아와보니 아버지는 코를 골며 평화롭게 잠들어 있었다. 아들은 화가 나서 소리를 질렀다.

"아버지, 미쳤어요?"

그러자 아버지가 눈을 비비며 일어나 말했다.

"어, 돌아왔구나. 잘했어. 넌 도둑의 자격이 충분하다. 자,

가서 자거라. 그리고 내일부터는 너 혼자 해봐라."

"지금 제가 묻고 있잖아요. 왜 그런 짓을 하신 거예요?"

"도둑질은 기술을 가르친다고 되는 일이 아니다. 그건 직관에 가까운 일이므로 경험을 통해서만 얻을 수 있다. 그래서 난 너를 역경에 처하게 했던 거지. 그런데 네가 무사히 집에 돌아온 것을 보니 넌 천성적으로 타고난 도둑인 것 같구나. 넌 역시 멋진 아들이야."

 살아가면서 지식이나 기술보다 직감이나 경험이 더 필요한 경우가 있다.

# 엄마의 이야기

엄마가 예쁜 딸을 재우기 위해 옛날이야기를 해주고 있었다.

"옛날에 아주 아름답고 어여쁜 공주가 살았단다. 그 공주는 무척 지혜롭고 사랑스러워서 궁전에 있는 사람들은 모두 다 공주를 아끼고 사랑했지. 공주는 또 매우 착해서 동물들과 잘 어울려 놀았어.

그러던 어느 날 공주는 궁전 뜰에서 징그럽게 생긴 개구리 한 마리를 보게 됐단다. 사람들이 개구리를 밟을까봐 걱정이 된 공주는 개구리를 자기 침대로 데려왔어. 그런데 다음날 아침 공주는 아주 깜짝 놀랐어. 그 개구리가 멋있는 왕자로 변해 있었던 거야. 왕자는 공주에게 결혼하자고 말했어."

엄마는 여기까지 이야기를 하고는 딸을 바라보았다. 그런데 딸은 도저히 그 이야기를 믿을 수 없다는 표정을 짓고 있었다. 딸은 마치 '아니에요. 난 그 얘기를 절대로 믿을 수가 없어요.' 하고 말하는 것 같았다.

엄마가 물었다.

"애야, 왜 그런 얼굴을 하고 있니? 믿지 못하겠다는 말이니?"

그러자 딸이 대답했다.

"물론 안 믿죠. 그 공주도 그 얘기를 믿지 않았을 걸요."

◆ 누군가를 속이는 것은 마음이 속이는 것이지 입이 속이는 것이 아니다.

# 청년과 신부

　인생을 비관하던 한 청년이 시내 중심가에 있는 한 호텔의 40층 난간에 올라가 뛰어내리겠다고 자살 소동을 피우고 있었다. 경찰이 몇 미터 아래에 있는 이웃 빌딩의 지붕 위로 올라가 청년을 설득했지만 소용없었다. 이윽고 그곳 교구의 신부가 나타나 그와 대면하게 되었다.

"다시 한번 생각해 보아라, 내 아들아, 너를 사랑하시는 부모님을 생각해 보거라."

신부는 사랑이 듬뿍 담긴 목소리로 청년에게 말했다.

그러자 청년이 대답했다.

"그들은 날 사랑하지 않아요. 이젠 뛰어내리겠어요."

"안돼, 내 아들아, 멈춰라!"

여전히 사랑이 가득한 목소리로 신부가 다급히 외쳤다.

"너를 사랑하는 여인을 생각해 보거라."

"나를 사랑하는 여자는 단 한 명도 없습니다. 정말 뛰어내리겠어요."

신부가 다시 애원했다.

"그러면 오직 너를 사랑하시는 예수님과 마리아와 요셉을 생각해 보거라."

그러자 청년이 물었다.

"예수와 마리아와 요셉? 그들이 도대체 누구입니까?"

그러자 신부가 소리를 질렀다.

"뛰어내려! 그냥 뛰어내리란 말이다!"

 우리에게 믿음이 없다면 희망 또한 곁에 오지 않는다.

# 사기꾼의 명예

헐리우드에 사기꾼 한 명이 살고 있었다. 그는 유명한 배우 흉내를 내거나 가짜 귀족 행세를 하고 부도가 난 수표를 남발하기도 했다.

결국 얼굴이 알려져 더 이상 그 거리에 살 수 없게 된 그는 자살을 하기로 결심하고 한적한 교외의 철길로 갔다. 그는 철길 옆에 쪼그리고 앉아서 값비싼 담배를 몇 대 피웠다. 그동안 화물열차가 서너 대 지나갔다.

그 모습을 지켜보고 있던 한 부랑자가 그를 비웃었다.

"이왕 죽으려면 빨리 죽지 왜 담배를 피우고 있는 거요?"

그러자 사기꾼이 당당하게 소리쳤다.

"난 당신들과 달라. 나 정도 되는 사람은 당연히 특등 열차에 치여야 되는 거야."

# 청혼

**어느 날** 한 여인이 위대한 철학자 가운데 한 사람으로 꼽히는 엠마뉴엘 칸트에게 청혼을 했다. 그러나 그것부터가 잘못이었다. 그 시대에는 남자 쪽에서 먼저 청혼하는 것이 관례였기 때문이다. 그 여인 역시 그것을 모르는 바는 아니었지만, 칸트의 청혼을 기다리다 지쳐 어쩔 수 없이 자신이 먼저 구혼을 했던 것이다.

칸트가 말했다.

"잘 생각해 보겠습니다."

그러나 칸트는 그녀와의 결혼을 전혀 생각해보지 않았다. 칸트에게 그녀의 청혼은 사업상의 제안 같은 것이었다. 모든 것을 너무 심각하게 생각하면 모든 일을 사업처럼 바라보게 된다. 칸트는 생각하고 또 생각했다. 그뿐만 아니라 도서관에 가서 사랑과 결혼에 대한 책을 모두 찾아본 뒤 메모지에 결혼에 찬성하는 의견과 반대하는 의견을 모두 적었다. 그런 다음에도 그는 생각하고 또 생각했다.

충분히 저울질을 한 그는 마침내 결혼에 찬성하는 쪽으로 결정했다. 찬성이 반대보다 점수가 많았기 때문이다. 그것은 사업적인 결정이었다.

결혼 쪽으로 결론을 내린 그는 그 여인의 집에 가서 문을 두드렸다. 그러자 그 여인의 아버지가 나와서 말했다.

"내 딸은 이미 결혼해서 세 아이의 어머니가 됐소. 세월이 너무 많이 흘렀고, 당신은 너무 늦게 왔구려."

 사랑은 갑자기 결정하여 결론을 내리는 것이 아니라 시간을 두고 변해가는 감정이다.

# 현명한 거래

어느 마을에 식당 하나가 있었다. 그 식당은 마을에서 제일 크고 호화스러운 곳이었다. 그 식당 옆에는 작은 세탁소를 운영하는 아주 가난한 사람이 살고 있었다.

그는 언제나 식당에서 흘러나오는 냄새에 더욱 허기를 느꼈다. 그러나 그 음식들은 너무 비싸 그로서는 사먹을 엄두조차 낼 수 없었다.

어느 날부터인가 그는 식사를 할 때마다 의자를 가지고 나와 식당 가까이에 자리를 잡았다. 그리고는 식당에서 나오는 음식 냄새를 맡으며 식사를 했다.

그런데 어느 날 생각지도 못한 일이 벌어졌다.

식당 주인이 음식 냄새 값을 요구하는 청구서를 가지고 왔던 것이다. 그러자 그는 집안으로 들어가 작은 저금통을 가지고 나와 식당 주인의 귀에 대고 흔들었다. 짤랑대는 소리가 들렸다.

"들어보시오. 돈 소리가 들리지요? 당신이 내게 음식 냄새를 주었으니 나는 당신한테 내 돈 소리를 들려주는 것으로 냄새 값을 지불하겠소."

 억지라는 창이 아무리 강해도 현명함이란 방패를 뚫을 수 없다.

## 복수의 다른 이름

어느 날 남편이 하루 일을 마치고 집으로 돌아왔다. 그런데 아내가 이웃집 남자와 침대에 나란히 누워 있었다. 그는 미친 듯이 분노하며 곧바로 이웃집으로 달려가 그 남자의 부인에게 소리쳤다.

"부인! 당신 남편이 내 아내와 침대에서 뒹굴고 있소."

그러자 이웃집 부인이 말했다.

"조용! 조용히 하시고 우선 앉아 차 한 잔 마시며 화를 푸세요."

남편은 분노를 서서히 가라앉히며 조용히 차를 마셨다. 차를 마시던 남편은 그녀의 눈에서 섬광이 반짝 스치는 것을 보았다.

그녀가 약간 수줍어하면서 물었다.

"복수를 하고 싶지 않으세요?"

두 사람은 침대로 가서 사랑을 나누었다. 그런 다음 그들은 차 한 잔을 더 마셨다. 그리고 또 복수를 하고 차를 한 잔 더 마시고 또 복수를 하고 차를 한 잔 더 마셨다.

몇 번의 복수를 반복한 후 이웃집 부인이 남편을 바라보며 물었다.

"한 번 더 복수하는 것이 어때요?"

그러자 남편이 힘없이 대답했다.

"부인, 솔직히 말해서 이제는 괴로운 감정이 모두 사라져 버렸습니다."

복수하는 순간 통쾌한 감정에 빠질지 모른다. 그러나 감정의 다른 쪽에서는 죄책감이 생길 것이다. 그 이유는 또 다른 죄를 짓고 있기 때문이다.

# 잘못된 계산

**위대한** 역사가이자 수학자인 헤로도토스는 평균(平均)의 개념을 최초로 발견한 인물이었다. 그 당시 그것은 대단한 발견이었으며, 그는 거기에 완전히 심취해 있었다.

그러던 어느 날 그는 아내와 아이들을 데리고 야외로 소풍을 나갔다가 작은 강을 만나게 되었다. 목적지로 가려면 그 강을 꼭 건너야 하는데 아내가 아이들 때문에 약간 걱정스러워 했다. 그러자 헤로도토스가 말했다.

"걱정 말고 기다리시오. 내가 강의 평균 깊이와 아이들의 평균 키를 재리다. 5분이면 충분하오."

그는 줄자를 꺼내 아이들의 키를 잰 다음 강으로 달려가 몇 군데를 돌면서 강 깊이의 평균치를 계산했다. 계산을 끝낸 그가 아내에게 말했다.

"걱정할 것 하나도 없소. 아이들의 평균 키가 강의 평균 깊이보다 크니 강에 빠질 염려는 전혀 없소. 자, 얘들아, 어서 강을 건너자!"

그러나 강의 어떤 곳은 얕은 반면에 또 어떤 곳은 매우 깊었다. 그리고 어떤 아이는 키가 컸지만 어떤 아이는 작았다.

헤로도토스의 아내는 여전히 걱정스러운 눈빛으로 아이들이 강을 건너는 모습을 지켜보았다. 그런데 한 아이가 갑자기 물속으로 잠겨 들어갔다. 그녀는 앞서서 강을 건너고 있는 헤로도토스를 소리쳐 불렀다.

"저길 좀 봐요! 역시 당신의 수학은 믿을 게 못되요!"

그러나 헤로도토스는 물에 빠져 허우적거리는 아이를 내버려둔 채 급하게 강을 건넜다. 할 수 없이 그의 아내가 황급히 물속으로 뛰어들어 아이를 구해야만 했다. 헤로도토스는 허둥지둥 강 건너 모래밭으로 달려가 무엇이 잘못되었는지 계산하기 시작했다.

 무엇보다 잘못된 것은 잘못됐다는 것을 모르는 것이다.

# 아버지의 헛소리

**어떤 사람**이 임종 직전에 이렇게 말했다.

"여보, 죽기 전에 말해둘 것이 있소. 양복점 긴즈버그는 나에게 2백 달러를 빚졌고, 푸줏간 주인 모리스는 50달러를 빚졌고, 이웃집 클레인은 내게 3백 달러의 빚이 있소."

그러자 그의 아내가 자식들에게 고개를 돌리고 말했다.

"자, 보거라. 너희 아버지는 얼마나 놀라운 양반이냐. 죽어가면서까지 누구에게 얼마를 받아야 하는지 기억할 수 있으니 말이다."

그는 계속해서 말했다.

"그리고 여보, 지주에게 1백 달러를 갚아야 한다는 사실도 알고 있기 바라오."

그 말에 아내가 소리쳤다.

"오오, 너희 아버지가 드디어 헛소리를 시작하시는구나."

# 소리가 들릴 때까지

정신병원에서 환자 한 사람이 눈을 감고 귀를 벽에 바짝 댄 채 꼼짝 않고 서 있었다. 지나가던 의사가 물었다.

"왜 그러고 있지?"

"쉬잇!"

의사는 조용한 목소리로 다시 물었다.

"왜 그러고 있는 거야?"

"소리를 듣고 있소. 당신도 한번 들어보시오."

의사는 그 환자가 했던 것처럼 벽 가까이 귀를 댔지만 아무 소리도 들리지 않았다. 그는 다시 물었다.

"아무 소리도 들리지 않는데?"

"나도 마찬가지요. 하지만 언젠가는 소리가 들릴지 모르잖소. 그래서 계속해서 귀를 기울이고 있는 것이오."

# 침착

　**한밤중**에 뮬라 나스루딘의 집에 도둑이 들었다. 뮬라는 자는 척하며 도둑이 하는 짓을 가만히 지켜보았다.

　그는 평소 다른 사람이 무슨 짓을 하든 그 행동에 간섭하지 않겠다는 생활신조를 가지고 있었다. 따라서 도둑이 그의 잠을 방해하지 않는 이상 그 역시 도둑이 하는 일에 간섭할 필요가 없는 셈이었다.

　뮬라는 도둑이 물건을 떨어뜨려 요란한 소리가 났는데도 모르는 척하고 있었다. 도둑은 뮬라를 힐끗 바라보며 생각했다.

　'자기 집 물건을 훔쳐가는데 가만히 있다니, 참 이상한 사람도 다 있군.'

　도둑은 물건을 싸들고 돌아섰다. 그런데 도둑이 집 밖으로 나가려는 순간 갑자기 누가 뒤따라오고 있다는 느낌이 들었다. 도둑은 화들짝 놀라 뒤를 돌아보았다. 뒤에는 다름 아닌 뮬라가 서 있었다. 도둑이 말했다.

"왜 따라오는 거요?"

뮬라가 대꾸했다.

"천만에. 나는 당신을 따라가고 있는 것이 아니라 이사를 하고 있는 중이오. 당신이 내 것을 모두 가져갔으니 이제 이 집은 쓸모없는 것이 되어버렸소. 그래서 나를 돌봐줄 누군가가 필요하오. 그러니 당신이 나도 함께 훔쳐가주시오."

도둑은 덜컥 겁이 나기 시작했다. 평생 도둑질을 하면서 살아왔지만 이런 일은 처음이었다. 도둑이 말했다.

"그렇다면 당신 물건을 가져가지 않겠소."

그러자 뮬라가 대답했다.

"그것은 당신 자유지만 물건을 옮기는 일은 당신이 해야 할 것이오. 아니면 경찰을 부르겠소. 나는 신사처럼 행동하고 싶고 당신을 도둑이라고 생각하지 않을 거요. 당신은 다만 내 집을 정리해주기 위해 온 사람일 뿐이오."

🌿 여유 있는 행동은 현명한 생각을 만들어 낸다. 말뿐이고 행동이 없는 사람은 잡초가 무성한 정원과 같다.

## 재주와 천재

 **어느 날** 한 젊은이가 모차르트를 찾아갔다.

 "저는 음악을 배우고 싶습니다. 그리고 세상에서 제일 훌륭한 음악가가 될 겁니다. 당신은 내가 그렇게 될 수 있다고 생각하십니까?"

 그러자 모차르트가 젊은이를 가만히 바라보다가 짧게 말했다.

 "당신은 스승을 찾고 있군요."

 젊은이가 대답했다.

 "당신은 스승에게서 음악을 배운 것이 아니라고 들었습니다. 그런데 나는 왜 배워야 하나요? 그리고 당신은 일곱 살 어린 나이에 이미 훌륭한 작곡을 했다고 들었습니다. 그런데 나는 스무 살이 다되었는데도 작곡은커녕 아직 스승을 찾고 있습니다. 그 이유가 무엇입니까?"

모차르트가 말했다.

"모든 것이 당신 책임이오. 나는 일곱 살에 작곡을 어떤 식으로 할까 혼자서 생각했고 혼자 작곡을 했소. 그런데 당신은 지금 내게 작곡법이 아니라 왜 당신은 나처럼 하지 못했는가만 묻고 있소. 그것은 당신이 의욕만 갖고 있을 뿐 천재가 아니라는 것을 증명하는 거요."

 의욕만으로는 그 무엇도 이루어지지 않는다.

# 사실과 진실

　**어느 날** 한 남자가 급한 볼일이 있어 남의 가게 앞에 차를 세워놓고 일을 보러 가버렸다.

　얼마 후 남자가 일을 마치고 돌아와 보니 차가 심하게 망가져 있었다. 누군가가 차를 들이받아 앞 범퍼가 완전히 부서진 상태였다. 누가 그랬는지 알 도리가 없는 남자는 낙담하여 멍하니 서 있었다. 한참 후 정신을 차린 남자는 와이퍼 밑에 쪽지가 끼워져 있는 것을 발견했다. 그는 매우 기뻐하며 분명 차를 망가뜨린 사람의 주소와 이름이 적혀 있으리라고 생각했다. 그는 떨리는 손으로 쪽지를 펼쳐보았다. 쪽지에는 다음과 같이 씌어 있었다.

　"내가 이 쪽지를 쓰고 있는 동안 많은 사람들이 나를 지켜보고 있소. 그들은 모두 내가 내 이름과 주소를 쓰고 있다고 생각했을 것이오. 하지만 보다시피 난 그렇게 하지 않았소."

# 사람은 없다

어떤 사람이 유명한 정신과 의사를 찾아와 상담을 요청했다.

정신과 의사가 말했다.

"난 지금 눈코 뜰 새 없이 바쁘니 당신이 날 좀 도와주시오. 나는 어느 상담에서나 상대의 얘기를 듣기만 합니다. 그러니 하고 싶은 말을 탁자 위에 있는 녹음기에 하고 돌아가십시오. 그러면 내가 시간을 내서 들어본 뒤 필요한 것을 적어 두겠습니다. 여기 녹음기가 있습니다. 내가 앞에 있다고 생각하고 여기에다 말씀을 하십시오. 그렇게 해주시겠습니까?"

환자가 대답했다.

"아주 좋은 생각이군요."

정신과 의사는 환자를 방에 두고 밖으로 나왔다. 그런데 채 2분도 지나지 않아 환자가 사무실을 나갔다. 정신과 의사는 황급히 환자의 뒤를 쫓아가 물었다.

"왜 이렇게 일찍 가십니까? 벌써 말씀이 끝나셨습니까?"

환자가 대답했다.

"이보시오. 나도 당신만큼 바쁜 사람입니다. 그리고 내가 상담을 의뢰한 건 당신이 처음이 아니오. 난 이미 여러 의사와 상담을 했습니다. 상담실로 가보시지요. 당신의 녹음기 옆에 내 작은 녹음기가 있을 거요. 그리고 그 녹음기가 지금 당신의 녹음기를 향해 말을 하고 있을 겁니다."

# 이유있는 결혼

한 사내가 결혼을 앞두고 있는 젊은이에게 물었다.

"당신은 항상 결혼을 반대하지 않았습니까. 그런데 왜 갑자기 결혼을 하기로 결정했습니까?"

그러자 젊은이가 대답했다.

"사람들이 말하기를, 이번 겨울은 여느 겨울보다 더 추울 거라고 하더군요. 그런데 기름 난방은 내 능력으로는 벅차고 아내를 얻는 것이 더 경제적일 것 같아서요."

 지름길을 찾는 것은 보는 눈이 아니라 지형을 파악하는 것이다.

# 또 하나의 힘

어린아이가 정원 의자에 앉아 있는 아버지 근처에서 놀고 있었다. 그 아이는 계속해서 커다란 바위를 들어올리려고 노력하고 있었지만 그것은 불가능해 보였다. 그러나 아이는 포기하지 않았다. 이마에서 땀이 흐르고 얼굴은 붉게 달아올랐다.

그 모습을 지켜보던 아버지가 말했다.

"너는 네 힘을 다 사용하고 있지 않구나."

"아니에요. 저는 있는 힘을 다 쓰고 있는걸요. 더 이상은 할 수가 없어요."

그러자 아버지가 다시 말했다.

"너는 나에게 도와달라고 청하지 않았잖니? 그것 역시 너의 힘이란다. 내가 옆에 있는데도 나에게 도와달라고 하지 않는 것은 네 힘을 다 사용하지 않는 것과 같단다."

# 집 지키는 강아지

**어떤 사람**이 차를 몰고 한적한 시골길을 달리는데 길가에 커다란 표지판에는 다음과 같이 씌어 있었다.

'개 조심.'

조금 더 가니 전과 같이 커다란 표지판이 나타났다. 그런데 이번엔 더 큰 글씨로 씌어 있었다.

'개 조심.'

잠시 후 그는 한 농가에 도착했다. 표지판을 본 여행자는 조심스럽게 다가갔다. 그런데 집 앞에 볼품없고 작은 푸들 한 마리가 앉아 있었다. 그는 어이없어 농부에게 물었다.

"이게 뭐요. 저렇게 조그만 강아지가 집을 지킬 수 있나요?"

그러자 농부가 대답했다.

"물론 지키지 못하죠. 그러나 표지판은 집을 지켜줍니다."

# 영화감독의 꿈

**한 유명한** 영화감독이 꿈속에서 아내 몰래 사귀는 여자친구와 사랑을 속삭이다가 큰 소리로 잠꼬대를 했다. 옆에서 자다 남편의 잠꼬대에 놀라 일어난 아내가 잠자는 남편을 쏘아보았다. 남자는 결혼을 하면 꿈속에서조차 아내를 무서워한다는 말이 맞을까? 아내의 눈총이 따가웠던지 영화감독은 잠에서 깨어나 슬금슬금 아내의 눈치를 살폈다. 내가 무슨 말을 했을까? 영화감독은 순간 아내가 자신을 노려보고 있다는 것을 알아챘다. 그가 침착하게 말했다.

"컷! 자, 다음 장면으로 넘어갑시다."

 꿈은 또 하나의 무의식적인 인생이다.

# 불행한 성공

 **세계적**으로 명성이 자자한 외과 의사가 있었다. 그가 나이가 들어 은퇴하게 되자 세계 곳곳에 흩어져 있던 제자들이 축하하기 위해 한자리에 모였다. 그러나 사람들의 축하에는 아랑곳없이 의사는 다소 슬픈 얼굴을 하고 있었다. 그의 모습을 본 한 제자가 물었다.

 "선생님, 무슨 일로 그렇게 슬퍼하십니까? 선생님은 성공적인 인생을 사셨습니다. 선생님과 비교될 만한 사람은 아무도 없습니다. 선생님은 행복의 모든 조건을 갖추고 계십니다. 자, 선생님의 제자들을 보십시오. 그들은 세상 곳곳에서 훌륭한 의사로 활동하고 있습니다. 무엇 때문에 그렇게 슬퍼하십니까?"

 그 말을 들은 의사가 대답했다.

 "내가 진정으로 원했던 것은 의사가 아니었기 때문이야. 어렸을 때 나는 무용수가 되고 싶었네. 그런데도 불구하고 나는 다른 일에 내 삶을 모두 소모해 버렸어. 나는 분명히 성공했지만 만족할 수가 없네. 자네도 생각해보게. 목이 말라 물을 마시고 싶은데 누군가가 자네에게 우유를 강요한다면, 아무리 그 우유가 몸에 좋고 맛있는 것이라도 결코 그 우유에 만족하지 못할 걸세."

아무리 큰 성공을 한 사람이라도 자신이 좋아하는 것을 하며 사는 사람보다 행복하지 못하다.

# 질투

**물라 나스루딘**은 퇴근 후에 곧잘 부부 싸움을 했다. 그의 아내는 질투심이 굉장히 강해 언제나 그를 의심했다. 그녀는 남편이 밖에 나갔다가 돌아오기만 하면 호주머니 검사를 했고, 행여 전화번호라도 나오면 표독스럽게 쏘아붙였다. 그의 아내는 또한 윗옷에 여자 머리카락이라도 붙어 있지 않나 세밀하게 살폈다. 어쩌다가 나스루딘의 머리카락이 붙어 있어도 영락없이 싸움이 벌어졌.

"당신, 이 머리카락 좀 보세요. 도대체 어떤 여자의 머리카락이에요?"

그러던 어느 날 그녀는 남편에게서 아무것도 발견하지 못했다. 전화번호는 물론 단 한 가닥의 머리카락조차 찾아낼 수 없었던 것이다. 남편의 이곳저곳을 세밀히 살펴보던 그녀는 느닷없이 소리 내어 울기 시작했다.

나스루딘은 어리둥절했다.

"도대체 왜 우는 거요? 단 한 올의 머리카락도 발견되지 않았잖소. 이번에는 또 뭐가 잘못됐다고 이러는 거요?"

그녀가 말했다.

"바로 그 때문이에요. 이제 당신은 대머리 여자하고 놀아나고 있군요."

# 현명한 대답

　깊은 산속에 두 개의 절이 서로 가까이 있었다. 그리고 이 두 절에는 주지 스님의 심부름을 하는 동자들이 한 명씩 있었다. 동자들은 시장에 가서 주지 스님에게 필요한 물건들을 사오곤 했다.

　이 두 절은 서로 적대적인 관계였다. 동자승들은 어린아이들답게 길에서 만나면 서로 이야기를 나누거나 장난을 치기도 했다. 그러나 두 절의 관계가 좋지 않다 보니 동자승들은 서로 이야기하는 것조차 금지되어 있었다.

　그러던 어느 날이었다. 한쪽 절의 동자승이 돌아와서 말했다.

　"오늘 시장에 가다가 저쪽 절에 있는 애를 만나게 되어 '어디 가는 중이냐?'고 물었어요. 그런데 그 아이가 이렇게 대답했어요. '나는 지금 바람 부는 대로 가고 있는 중이야.' 저는 그 대답이 너무 당황스러워 뭐라고 대꾸해야 할지 알 수가 없었어요."

그러자 주지 스님이 말했다.

"음, 좋은 상황이 아니구나. 우리 절 사람은 누구도 저쪽 절 사람들에게 져본 적이 없었다. 그러니 너도 그 아이에게 이겨야만 한다. 내일 또 만나거든 어디 가는 중이냐고 한 번 더 물어봐라. 그 아이가 또다시 '바람 부는 대로'라고 대답하면 이렇게 물어라. '바람이 없으면 어떻게 하니?'라고."

그 얘기를 들은 동자승은 밤새 잠을 이룰 수가 없었다. 그는 주지 스님이 일러준 말을 여러 번 되새겼다.

다음날 그는 길에서 다른 절의 동자승을 기다렸다. 이윽고 저쪽 절의 동자승이 왔을 때 그가 물었다.

"어디 가는 중이니?"

그러자 그 동자승이 대답했다.

"발 가는 대로."

그는 다시 어찌할 바를 몰랐다. 전혀 예측하지 못했던 대답이었기 때문이다.

그는 매우 침울한 표정으로 돌아와서 주지 스님에게 다

시 말했다.

"그 아이를 믿을 수가 없어요. 오늘은 또 다른 대답을 해서 저는 무슨 말을 해야 할지 몰랐습니다."

그러자 주지 스님이 말했다.

"내일 그 아이가 '발 가는 대로'라고 하면 너는 '절름거리게 되거나 발이 잘리면 어떻게 할래?' 하고 물어라."

다시 그는 잠을 잘 수 없었다. 다음날도 그는 일찍 나가서 길에서 기다리다 마침내 그 동자승이 왔을 때 물었다.

"어디 가는 중이니?"

그러자 그 동자승이 대답했다.

"시장에서 야채를 사오려고!"

그는 매우 혼란스러워져서 돌아와 주지 스님에게 말했다.

"도저히 안 되겠어요. 그 아이는 계속 바뀌고 있었어요."

 오늘이 어제와 한 치의 변화없이 똑같다면 우리에게 내일은 결코 오지 않는다.

# 성자의 지혜

140년을 산 성자가 있었다. 그의 이름은 쉬바푸리 바바.

언젠가 그가 자이푸르에 갔는데 한 부자가 그에게 돈이 가득 든 가방을 하나 주웠다. 기차를 타고 가던 그는 문득 가방 안을 보고 싶은 충동이 일어 뚜껑을 열어보았다. 가방 안에는 지폐가 가득 들어 있었다. 그는 돈이 얼마나 되는지 알고 싶어져서 세기 시작했다.

그 기차 칸에는 단 두 사람, 그와 영국인 숙녀 한 명이 전부였다. 그녀는 놀란 눈으로 바바를 바라보았다. 이 늙은 거지가 어떻게 저렇듯 많은 돈을 가지고 있을까? 순간 그녀의 머릿속에 그 돈을 빼앗을 수 있는 한 가지 묘안이 떠올랐다. 그녀가 박수를 치더니 외쳤다.

"이봐요, 늙은 양반, 그 돈의 절반을 내놓지 않으면 내가 전부 뺏어갈 거예요. 그리고 당신이 날 겁탈하려 했다고 외칠 거예요!"

그러자 바바는 웃으면서 그녀의 말을 듣지 않겠다는 듯이 귀를 막아버렸다. 그리고는 그녀에게 종이를 내주며 말했다.

"거기에 쓰게. 난 귀가 먹어서 들을 수가 없어."

그녀는 재빨리 같은 말을 종이에 썼다. 바바가 그 종이를 주머니에 잘 넣으면서 말했다.

"이제 가져가보시오."

 한 가지 목표만 보고 앞으로 가다 보면 중요한 것을 지나칠 때가 있다. 가끔은 주위를 둘러보라.

# 미친 이유


**왕**이 정신병원을 방문했다. 정신병원 원장은 왕을 병원의 모든 방으로 차례차례 안내했다. 왕이 정신병자들이 왜 미쳤는지를 궁금해 했기 때문이다.

그들이 어떤 방을 지나가는데 그 안에 있던 사람이 울부짖으면서 창살에 머리를 찧고 있었다. 그는 무척 괴로워 보였고, 그의 고통은 가슴을 꿰뚫는 듯했다. 왕은 원장에게 이 사람이 왜 미치게 되었는지에 대해 이야기 해달라고 말했다.

"이 사람은 한 여자를 사랑했는데 그녀를 얻을 수가 없게 되자 미쳤습니다."

그들은 다른 방으로 갔다. 그곳에서는 한 사내가 어떤 여자의 사진을 벽에 붙여놓고 계속 침을 뱉고 있었다. 왕이 다시 물었다.

"이 사람은 왜 이러는가? 역시 여자 때문에 미친 것 같아

보이는데."

원장이 대답했다.

"예, 같은 여자 때문에 미친 사람입니다. 그러나 이 사람은 그 여자와 사랑하여 그녀를 얻었습니다. 그것이 그가 미친 이유입니다."

 같은 불이라도 어떤 사람에게는 복이 되고, 어떤 사람에게는 해가 된다.

# 초승달과 보름달의 해석

**위대한** 이란 왕의 명을 받은 사신이 인도 왕을 찾아갔다. 인도 왕과 약간의 불화가 있어 근심하던 이란 왕은 사신을 보내 두 나라 사이의 오해를 풀고 서로의 이해를 도모하고자 했다.

사신은 인도 왕에게 서신을 제출하며 엄숙하게 말했다.

"대왕께서는 보름달이십니다."

그런데 사신이 인도 왕에게 보름달이라고 했다는 소문이 퍼져 마침내 이란 왕의 귀에까지 들어갔다. 이란 왕은 매우 화가 났다. 떠나기 전 사신이 자신을 일컬어 초승달이라고 말했던 것이다. 초승달이라니? 그것은 이제 막 시작되는 초하루의 달이 아닌가. 대부분의 사람들은 초하루의 달은 구경조차 할 수 없고 초이틀에야 겨우 달을 조금 볼 수 있었다. 그런데 그 신하가 인도 왕에게 보름달이라고 말했으니 이는 이란 왕에게는 크나큰 모욕이었다.

"그자를 즉시 소환하라!"

이란 왕은 분노에 떨며 사신을 기다렸다.

사신은 돌아오자마자 붙잡혀 법정에서 문책을 받게 되었다. 왕이 그런 말을 내뱉은 이유가 무엇이냐고 묻자 사신이 대답했다.

"단순합니다. 보름달은 이미 생이 끝난 것입니다. 보름달은 죽어가고 있으며, 과거는 있지만 미래가 없습니다. 그래서 저는 인도 왕에게 보름달이라고 말한 겁니다. 그러나 대왕이시여, 저는 대왕을 초승달이라 불렀습니다. 초승달은 미래가 있고 가능성이 있으며 성장하고 있습니다. 인도 왕의 위엄이 위대할지는 모르지만, 어쨌든 그는 이미 죽어가고 있는 것입니다."

 정의는 그 정의를 명명하는 사람에 따라 달라진다.

# 장님과 절름발이

**나무**가 울창한 숲에 큰 불이 났다. 모두 불을 피해 달아났는데 단 두 사람만이 그 불 속에서 빠져나오지 못하고 있었다. 한 사람은 장님이었고 다른 한 사람은 절름발이였다.

절름발이는 볼 수는 있으나 뛸 수가 없었고, 장님은 빨리 달릴 수는 있으나 앞을 보지 못했다. 그래서 그들은 고민 끝에 하나의 공동체를 만들기로 결정했다. 그들은 서로 이렇게 생각했다.

'우리는 서로 도울 수 있다.'

그렇게 해서 장님이 절름발이를 업었다. 이제 그들은 한 사람이 되었다. 절름발이는 볼 수 있었고 장님은 걸을 수 있었다. 그들은 서로 도우며 그 불길 속을 빠져나와 목숨을 건졌다.

# 자기 얼굴에 대한 책임

**대통령**이 된 링컨은 내각 구성을 위해 각료들을 선택하기 시작했다. 그러던 어느 날 비서관이 한 사람을 추천했다. 그런데 그 사람 이름을 들은 링컨은 바로 거절했다. 이유를 묻자 그는 이렇게 말했다.

"나는 그 사람 얼굴이 마음에 들지 않소."

그러자 비서관이 의외라는 표정으로 반문했다.

"하지만 그 사람은 책임이 없지 않습니까? 얼굴이야 부모가 만들어준 것이니 어쩔 수 없는 일 아닌가요?"

링컨이 말했다.

"아니오. 뱃속에서 나올 때는 부모가 만든 얼굴이지만 그 다음부터는 자신이 얼굴을 만드는 것이지요. 나이 마흔이 넘으면 사람은 자기 얼굴에 책임을 져야 합니다."

# 욕심

조용한 시골 마을의 한 농부가 돼지를 잡기로 했다. 이 마을에서는 돼지를 잡을 경우 고기, 소시지, 순대를 이웃들과 나누어 먹는 관습이 있었다. 그런 관습에 따라 이웃들로부터 여러 차례 얻어먹은 적이 있는 농부는 그렇게 이웃들에게 나누어주면 별로 남는 게 없으리라는 것을 뻔히 알고 있었다. 그래서 그는 이웃의 한 친구에게 고민을 털어놨다.

"내가 돼지를 잡으려고 하는데 이웃들에게 나눠주고 나면 남는 게 별로 없을 것 같네. 그러니 어떻게 하면 좋겠나?"

"나 같으면 밤중에 문을 열어놓고 문앞에다 돼지를 내놓겠네. 그리고 다음날 돼지를 도둑맞았다고 소문을 내는 거지."

농부는 친구의 말을 듣고 무척 기뻐하며 집으로 돌아와 친구가 가르쳐준 대로 돼지를 문앞에 내놓았다. 그런데 친절하게도 이 방법을 가르쳐준 친구가 야밤을 틈타 그 돼지를 훔쳐갔다.

　아침 일찍 일어난 농부는 돼지가 없어진 걸 알고는 깜짝 놀랐다. 그는 급히 그 친구에게 달려갔다.

　"이봐, 누가 내 돼지를 훔쳐갔어!"

　그러자 친구가 반색을 하며 말했다.

　"옳거니, 좋았어. 만나는 사람마다 그렇게 이야기하게. 틀림없이 자네 말을 믿을 거야."

　농부는 맹세코 농담이 아니라고 진지하게 주장했다. 그러나 그가 정말 돼지를 잃어버렸다고 원통해 하면 할수록 친구는 더더욱 부채질을 하는 것이었다.

　"그렇지, 잘하는군. 끝까지 그렇게 주장하라고. 이제 자넨 돼지를 나눠주지 않아도 되겠어. 암, 그렇고 말고."

사소한 것을 지키려고 욕심부리면 진정 중요한 것을 잃어버릴 수 있다.

# 완벽한 결혼

**결혼** 적령기에 든 남자가 완벽한 여성을 찾기 위해 기차로 세계 여행을 떠났다. 그는 완벽하지 못한 여자와의 결혼은 용납할 수 없었다. 그러나 온 세상을 찾아 헤맸음에도 그는 시간만 낭비했을 뿐 완벽한 여자는커녕 허탈감만 가득 안고 집으로 돌아왔다.

그러자 친구가 찾아와 말했다.

"자넨 결국 완벽한 여자를 찾는 데 평생을 허비하고 백발노인이 됐군. 그런데 그동안 완벽한 여자가 단 한 명도 없던가?"

"꼭 한 명 있었다네. 우연히 정말 완벽한 여자를 하나 만났지."

친구가 깜짝 놀라 물었다.

"그래? 그래서 어찌 되었나?"

그러자 그는 침통한 표정으로 말했다.

"어떻게 되었냐고? 그녀는 완벽한 남성을 찾고 있더군. 그래서 결국 아무 일도 일어나지 않았어."

우리가 누군가에게 충고를 할 때 그 충고가 진정으로 필요한 사람은 자신이라는 것을 알아야 한다.

# 고양이의 사랑


혹시 구약 시대에 '노아의 방주를 타는 동안 모든 동물들에게 사랑의 행위가 금지되었었다'는 사실을 알고 있는지?

홍수가 끝나고 온갖 동물들이 방주에서 쌍쌍이 줄을 지어 나갈 때, 노아는 그들이 떠나가는 것을 지켜보고 있었다.

모든 동물들이 짝을 지어 나왔고 마지막으로 고양이 한 쌍이 방주를 빠져나왔다.

그런데 이게 웬일인가? 그 뒤로 수많은 새끼 고양이들이 줄줄이 뒤따라 나오는 것이 아닌가. 노아는 의심스럽다는 듯이 눈썹을 치켜 올렸다.

그러자 수고양이가 말했다.

"당신은 우리가 싸우고 있다고 생각했지요?"

# 부인의 복통

**대학**을 갓 졸업한 애송이 의사가 집으로 돌아왔다. 그의 아버지도 의사였다. 그러나 아버지는 나이가 들어 이제 일선에서 물러날 준비를 하고 있었다. 어느 날 피로에 지친 아버지가 아들을 불러놓고 이렇게 이야기했다.

"내가 너무 피곤해서 3주일 간 요양을 다녀올 생각이니 그동안 네가 내 일을 대신하도록 해라."

아버지가 요양을 하고 3주일 후에 돌아왔을 때 아들이 자랑스럽게 말했다.

"아버지께서 깜짝 놀라실 만한 일을 했습니다. 아버지가 여러 해 동안 치료하면서도 고칠 수 없었던 부인의 병을 3일 만에 고쳤습니다."

그러자 아버지가 아들의 머리를 쥐어박으며 말했다.

"이 어리석은 녀석, 그 부인은 지금까지 너의 학비를 지불

해주었다. 앞으로 그녀가 내는 치료비로 네 동생들을 대학에 보낼 생각이었는데, 이제 모든 게 틀려버렸구나. 모든 것이 이 아비의 잘못이다. 요양을 떠나기 전에 그녀만은 치료하지 말라고 이야기했어야 했는데…."

# 완벽한 홍보

**호기심**이 많은 어린아이를 무릎에 안고 있는 한 젊은 부인에게 백과사전 세일즈맨이 다가갔다. 그는 부인에게 백과사전에 대해 능수능란하게 설명하기 시작했다.

"이 백과사전만 있으면 아이가 아무리 어려운 질문을 해도 척척 대답해 줄 수 있습니다."

부인의 마음에 동요가 일고 있음을 눈치 챈 그는 어린아이의 머리를 쓰다듬으며 자신 있게 말했다.

"자, 꼬마야, 이 아저씨에게 무엇이든지 물어보아라. 그러면 이 아저씨가 이 책을 보고 척척 대답해 줄 테니까."

그러자 아이는 잠시 생각하다가 세일즈맨에게 물었다.

"하느님은 어떤 차를 타시나요?"

🍃 완벽하다고 생각하는 것 자체가 부족한 것이다.

# 구두쇠의 희망

돈 많은 한 졸부가 친구에게 말했다.

"참 이상한 일일세. 내가 죽으면 나의 전 재산을 자선 단체에 기부하겠다고 유언을 해두었는데도 왜 사람들은 나를 구두쇠라고 비난하는 거지?"

친구가 대답했다.

"어느 날 돼지가 암소에게 자신은 왜 사람들에게 인기가 없는지 모르겠다며 불평을 했네. 돼지는 이렇게 말했어. '사람들은 항상 너, 암소의 부드럽고 온순함을 칭찬하지. 물론 너는 사람들에게 우유와 크림을 제공해주고 말이야. 하지만 사실 난 사람들에게 더 많은 것을 제공하지. 베이컨과 햄, 심지어 발까지 주는데도 사람들은 여전히 날 좋아하지 않아. 도대체 왜 그러는지 난 알 수가 없어.' 그 말을 들은 암소가 한참을 생각한 후에 돼지에게 대답했다네. '글쎄, 그건 아마도 내가 살아 있을 때 사람들에게 유익한 것을 제공하기 때문일 거야.'라고 말일세."

 아무리 귀한 물건이라도 그것이 필요한 곳에 있어야 진정한 가치가 있는 것이다.

# 명답

　어느 소문난 부자가 발을 헛디뎌 그만 강물에 빠져 죽었다. 그런데 강물 속을 아무리 찾아보아도 그의 시체를 찾을 수가 없었다. 정말 난처한 일이 아닐 수 없었다.

　며칠이 지난 후 유족들은 누군가의 귀띔으로 건넛마을 사람이 그의 시체를 건졌다는 것을 알게 되었다. 그들은 황급히 건넛마을로 가서 그 사람을 찾았다. 그러나 그는 그 시체가 큰 부자라는 것을 알고는 엄청난 대가를 요구했다. 어떡해야 좋을지 판단을 내리지 못한 유족들은 조언을 구하고자 당대의 석학인 등석(鄧析) 선생을 찾아가 의논했다. 등석 선생은 자초지종을 다 듣고 나서 이렇게 말했다.

　"원, 별 걱정을 다 하는군. 그냥 내버려두시오. 당신들이 사지 않으면 그 시체를 다른 사람에게 팔 수 있겠소?"

　이 말을 들은 유족들은 마음이 한결 가벼워졌다.

그들의 행동이 눈에 띄게 소극적으로 변한 것을 눈치 챈 건넛마을 사람은 이런 좋은 기회를 놓치게 되지는 않을까 은근히 걱정이 되었다. 초조함을 견디다 못한 그 사람 역시 등석 선생을 찾아가 물었다. 건넛마을 사람으로부터 전후 사정을 듣고 난 등석 선생은 능청스럽게 대답했다.

"쓸데없는 걱정을 다 하는군. 그래, 당신이 끝까지 버티면 유족들이 다른 데서 시체를 사오겠소?"

훌륭한 답이 결코 정답이 될 수는 없다. 정답은 해결점을 필요로 하기 때문이다.

# 어리석은 대화

**한 훌륭한** 스승 밑에 두 제자가 있었다. 그런데 이 두 제자는 매일 서로 자기가 수제자라고 싸우면서 스승의 환심을 사기 위해 경쟁했다.

어느 여름날 오후, 스승이 피곤한 기색을 보이며 자리에 드러누웠다. 그러자 두 제자가 앞 다투어 물었다.

"스승님, 몸을 주물러드릴까요?"

스승이 대답했다.

"그래, 너는 내 왼쪽을 그리고 너는 오른쪽을 맡아서 주물러봐라."

스승은 곧 잠이 들었다. 그러자 제자들은 분필로 스승의 몸을 반으로 나누었다. 그 이유는 서로 책임을 맡은 영역을 침범하지 않기 위해서였다. 스승은 자기 몸이 이렇듯 둘로 나뉜 것도 모른 채 잠에 빠져 있었다. 그런데 잠자던 스승이 오른쪽 발을 들어 왼쪽에다 올려놓았다. 그러자 왼쪽을 맡은 제자가 말했다.

"오른쪽 발은 자네 책임이니 치우게, 어서. 자네가 맡은 발 때문에 내 일을 못하지 않나."

그러자 오른쪽 발을 맡은 제자가 대꾸했다.

"치울 수 없네. 발을 올려놓은 건 내가 아니잖나. 용기가 있다면 자네가 직접 해보게. 무슨 일이 일어날지 구경이나 하겠네."

두 제자는 서로 한 치의 양보도 없이 옥신각신했다. 그러는 와중에 스승이 깨어나 물었다.

"무슨 일로 소란스러운 것이냐?"

제자들이 대답했다.

"스승님께서 관여하실 일이 아닙니다. 그냥 계속 주무십시오. 저희끼리 결정할 문제니까요."

개구리들은 세상을 다 아는 것처럼 서로 이야기하지만 자신들이 우물 안에 있음을 모른다.

# 산다는 것은

삶의 회의를 느끼고 있는 재단사가 친구와 함께 사냥 이야기를 하고 있었다.

"그때 난 아프리카에서 사자 사냥을 하고 있었지. 그런데 갑자기 한쪽에서 사자 한 마리가 나타나 나에게 천천히 다가오고 있었네. 마침 내 손에는 총이 없었는데 사자가 점점 가까이 다가오더군. 아주 바짝 좁혀 오더라구."

친구는 마른침을 삼키며 숨을 죽였다.

"그래, 어떻게 됐지?"

"잘 들어봐. 그 긴 이야기를 아주 짧게 하자면 말이지, 점점 다가온 사자는 곧장 날 덮쳤네. 그리고 날 죽였지."

친구가 황당해 하며 물었다.

"그게 무슨 말인가? 사자가 자넬 죽였다니? 자넨 지금 여기 이렇게 살아 있지 않은가?"

재단사가 한숨을 쉬며 대답했다.

"이렇게 사는 것이 진정 사는 것이라 생각하나?"

인생은 생각하기에 따라 죽어가는 것일 수도 잇고 살아나는 것일 수도 있다. 육신은 죽어 갈지언정 정신은 반드시 살아 있어야 한다.

# 어긋난 유전

인기 절정에 있는 한 프랑스 여배우가 버나드 쇼에게 청혼을 했다. 버나드 쇼가 그 이유를 묻자 그녀는 이렇게 대답했다.

"그야 간단하죠. 나는 매우 아름다운 육체를 갖고 있습니다. 나의 얼굴, 눈, 몸매는 완벽합니다. 그리고 당신은 세상에 둘도 없는 지성과 지혜를 갖고 있습니다. 우리가 아이를 낳는다면 아마도 당신의 두뇌와 나의 육체를 합한 완벽한 아이가 태어날 거예요."

잠자코 듣고 있던 버나드 쇼가 말했다.

"그런데 나의 육체와 당신의 두뇌를 닮은 아이가 태어나면 어떻게 할 거요?"

> 우리가 원하는 것을 모두 소유할 수 있다면 세상은 결코 공평한 것이 아니다.

# 죽음에 대한 정의

**퇴근**을 하고 집으로 걸어가던 남자가 우연히 사람이 죽는 광경을 목격했다. 너무 놀란 그는 집으로 달려가 다급하게 아내에게 물었다.

"여보, 당신은 현명하니까 내게 말해주구려. 언젠가 내가 죽으면 그게 정말 죽은 것인지 어떻게 알 수 있소? 방금 어떤 사람이 죽는 것을 보고 오는 길이라오. 언젠가 나도 죽을 것 아니오? 그렇다면 내가 죽은 걸 어떻게 알지?"

아내가 대답했다.

"그런 바보 같은 소리 하지도 말아요. 그건 자연히 알게 돼요. 죽으면 몸이 차가워질 거예요."

그러던 어느 날 그 비슷한 일이 실제로 일어났다.

그날 그는 숲 속에서 나무를 베고 있었다. 그런데 날이 몹시 추웠기 때문에 이내 그의 몸도 차가워졌다. 그는 자신이 죽는 줄 알고 깜짝 놀랐지만 어쩔 수가 없었다.

"아, 드디어 최후의 날이 왔구나. 몸이 점점 차가워지고 있어."

그리하여 그는 자신의 당나귀에게 작별 인사를 했다. 그의 주위에는 당나귀 말고는 아무도 없었기 때문이다. 그러고 나서 그는 편안한 자세로 나무 아래 누워 눈을 감았다. 그런데 나무 아래 가만히 누워 있으니 점점 더 추워졌다.

"이제 죽음이 눈앞에 다가온 것이 분명해. 몸이 점점 더 차가워지고 있잖아."

그 순간 그는 짧은 호기심으로 한쪽 눈을 살며시 뜨고 나귀가 있는 곳을 훔쳐보았다. 그런데 놀랍게도 나귀는 늑대에게 물려 죽어가고 있었다.

사내는 나귀를 구해야 한다는 생각을 했지만, 자신이 이미 죽어가고 있다는 생각에 어찌할 바를 몰라 큰소리로 혼자서 떠들었다.

"난 몰라. 난 이미 죽은 사람이니까 맘대로 해. 내가 살아 있었더라면 나귀를 구했을 거야. 하지만 난 이미 죽어가고 있어. 난 몰라."

# 즐거운 잠

**수잔**은 한 달에 한 번은 꼭 남편 잭에게 극장에 가자고 졸라댔다. 그러나 잭은 극장을 싫어해 그때마다 이렇게 불평했다.

"수잔, 차라리 집에서 스포츠 중계나 보았으면 좋겠어."

"그게 당신이 생각할 수 있는 전부예요? 겨우 스포츠 중계요?"

수잔이 반박했다.

"어쩌다 한 번쯤은 제 생각도 좀 해주세요. 하루 종일 닭장에 갇힌 것처럼 집에 혼자 있는 저를요."

그래서 잭은 그날만큼은 수잔의 생각을 존중해 친구들과 함께 극장에 가게 되었다.

그런데 제2막이 끝나갈 무렵 어디선가 커다랗게 코 고는 소리가 들렸다. 그 소리는 다름 아닌 잭이 잠에 취했을 때 내는 소리였다. 수잔은 창피함에 얼굴이 빨개져서 중얼거렸다.

"어쩌면 이럴 수 있지? 정말 창피한 짓만 골라서 한다니까."

그때였다. 옆 좌석에서 그들을 지켜보던 남자가 말했다.

"그를 방해하지 말아요. 여기서 자기 자신을 즐기고 있는 사람은 오직 그밖에 없어요."

 잠깐 동안의 단잠은 맛을 느낄 수는 없지만 그 무엇보다 달콤하다.

# 파혼 이유

**결혼**을 앞둔 남자가 어느 날부터인가 약혼한 여성에게 싫증을 느끼고 있었다. 그는 어떻게 해서든 파혼을 하겠다고 결심했다. 어느 날 그가 여자에게 조심스럽게 말했다.

"우리는 성격 차이가 너무 큰 것 같아. 결혼하면 항상 다투기만 할 거야. 아무리 생각해봐도 우린 서로 어울리지 않아."

"당신은 뭔가 잘못 생각하고 있는 것 같아요. 우리는 서로 사랑하고 있잖아요."

여자의 말에 그는 약간 언성을 높이며 대답했다.

"그렇지 않아. 우리는 서로 의견 일치가 안 돼. 결혼하게 되면 아마도 매일 부부 싸움만 하게 될 거야."

"아니에요. 우리는 서로 사랑하고 있잖아요. 우리는 로미오와 줄리엣처럼 서로에게 완벽한 반려자가 될 수 있어요."

"하지만 막상 결혼하게 되면 어떤 문제도 서로 의논할 수 없을 것 같아서 그러는 거야."
"제 생각은 그렇지 않아요."
그러자 그는 더 이상 참지 못하고 버럭 소리를 질렀다.
"그것 봐, 내가 뭐랬어? 우린 벌써 싸우고 있잖아!"

 사랑에 이유가 없듯 이별에도 이유가 없다.

# 여도(餘挑)의 죄

중국의 위나라 임금은 미자하라는 영리하고 귀여운 소년을 총애했다. 그러던 어느 날 밤, 궁중에 머물고 있는 미자하에게 어머니가 위독하니 급히 오라는 전갈이 왔다.

미자하는 앞뒤 생각할 여지도 없이 가장 빠른 임금의 수레를 타고 서둘러 달려갔다. 당시 위나라 법에는 임금의 수레를 몰래 타면 월형(발꿈치를 베는 형)에 처하도록 되어 있었다. 신하들은 임금에게 미자하를 월형에 처해야 한다고 청했다. 그러나 이 이야기를 전해들은 임금은 미자하의 효심을 가상히 여겨, "효녀로다. 어머니를 위해서는 발꿈치를 베는 벌이라도 달게 받을 각오였구나."라고 칭찬했다.

얼마의 시간이 흐른 어느 날 미자하와 임금은 과수원을 거닐고 있었다. 그런데 복숭아를 먹던 미자하가 맛이 너무 좋다며 자신이 먹던 복숭아 반쪽을 임금에게 드렸다. 이에 임금은 감탄하면서, "참으로 귀여운 녀석이구나. 맛이 좋은 것을 저 혼자만 먹으려 하지 않고 내게도 나누어주다니, 미자하는 어리지만 마음씨가 기특하다."라고 말했다.

그렇게 몇 해가 지나 어느덧 미자하의 귀여운 얼굴빛이 시들자 임금의 총애도 식어버렸다. 그러던 어느 날 미자하가 아주 작은 실수를 저질렀다. 그러자 임금은 크게 노여워하면서, "미자하는 본래 그런 놈이다. 일찍이 나의 수레를 내 명령 없이 탄 일이 있었는가 하면, 제가 먹다 남긴 복숭아를 내게 먹인 일이 있었다."라며 꾸짖었다. 그리고는 미자하에게 엄한 벌을 내릴 것을 명령했다.

 지금의 사소한 잘못이 훗날 큰 화로 돌아올 수 있다.

# 천수의 비밀

**옛날** 인도의 깊은 산속에 스스로 천 살이나 되었다고 말하는 수도승이 살고 있었다. 호기심 많은 서양 사람이 이 소문을 전해 듣고는 '불가능한 일이지만, 동양이라는 곳은 워낙 신비하고 베일에 싸여 있으니 사실인지도 모르지.' 하고 생각하며 그를 만나기 위해 수천 리 길을 달려갔다.

그는 천 살이나 먹었다는 그 수도승을 만나보았지만 믿기지가 않았다. 아무리 자세히 뜯어 봐도 육십 살은 넘어 보이지가 않았다. 그래서 그는 며칠 동안 그 수도승을 지켜보기로 결심했다. 그러나 아무리 지켜보아도 그가 천 살이나 먹었다고는 생각할 수가 없었다. 그래서 그는 용기를 내어 수도승의 수제자에게 물었다.

"저분이 천 살이나 되었다는데 그게 사실인가요?"

제자가 대답했다.

"글쎄요, 그건 저도 잘 모릅니다. 제가 이곳에 온 지가 3백 년 정도밖에 되지 않았으니까요."

 신비는 정신이며, 과학의 발전이 정신의 발전이다.

# 결혼 생활

 **어느** 결혼식장에서 주례를 선 목사가 신랑, 신부에게 축하 인사를 하고는 결혼식에 참석한 많은 하객들에게 말했다.
 "만일 여기 이 두 사람이 결혼을 해서는 안 될 만한 이유를 알고 있는 사람이 있다면 지금 말하십시오. 그러나 지금 말하지 않을 바에는 앞으로 영원히 이 두 사람의 결혼에 대해 이러쿵저러쿵하지 마십시오."
 "제가 말씀드릴 것이 있습니다."
 그때 목사 바로 앞에서 우렁찬 목소리가 들려왔다. 그러자 목사가 잘라 말했다.
 "안돼. 자넨 신랑이잖아."

# 명령불복

교수를 하다 군인이 된 남자가 있었다. 매우 지적인 그는 '우향우!'라는 명령을 듣고도 그대로 서 있었다. 그러자 지휘관이 소리쳤다.

"이봐, 넌 왜 가만히 서 있는 거야? 다른 병사들은 '우향우' 명령을 듣고 모두 돌아섰잖아."

"지휘관님은 곧 '좌향좌!' 하고 명령을 내리실 것 아닙니까? 그런데 뭐 하러 우향우를 합니까? 우리는 곧 원위치로 돌아올 것이고 앞으로 서너 시간 동안 같은 동작을 계속 반복할 겁니다. 그런데 힘을 낭비하며 이리저리 방향 전환을 할 필요가 있습니까?"

 꼭 할 필요가 있을까하는 생각이 인간을 나태하게 만든다.

# 행복찾기

**자신**의 꼬리를 쫓아 제자리를 빙빙 도는 어린 강아지를 보고 어미 개가 물었다.

"왜 그렇게 네 꼬리를 쫓고 있니?"

그러자 강아지가 말했다.

"저는 철학을 완전히 마스터했고, 저 이전의 어떤 개들도 해결하지 못한 우주의 온갖 문제들을 해결했어요. 저는 개에게 가장 좋은 것은 행복이며 그 행복은 바로 제 꼬리에 있음을 알았어요. 그래서 지금 제 꼬리를 뒤쫓고 있는 거예요. 제가 꼬리를 잡을 때, 저는 행복해질 거예요."

그러자 어미 개가 말했다.

"나도 내 나름대로 우주 문제에 관심을 기울여왔고, 몇 가지 견해를 갖게 되었단다. 나 역시 개에게는 행복이 우선이며 그 행복이 내 꼬리에 있다고 판단했지. 그러나 내가 내 자신의 일에 열중할 때 그 꼬리는 자연히 나를 따라오기 때문에 그것을 뒤쫓을 필요가 없다는 것을 깨닫게 되었단다."

행복은 아지랑이처럼 분명 존재하지만 잡을 수는 없는 것이다.

# 가난 속의 안식

**봄베이** 시가 화산 폭발로 불타자 시민들은 우왕좌왕했다. 그들은 짐과 보석들을 운반하느라 야단법석이었다. 사방에서 우는 소리와 고함이 들려왔다.

소유물을 다 가져가지 못해 발을 구르는 사람, 자식을 잃고 헤매는 사람, 가족을 잃고 통곡하는 사람 등 봄베이 시는 그야말로 유황불에 타는 지옥이었다.

엄청난 재난 속에서 몇몇 사람들만 가까스로 목숨을 건질 수 있었다. 그들은 화산이 폭발하기 전에 멀리 도망가 새벽 여명 속에서 봄베이 시가지가 타는 것을 지켜보고 있었다. 그때 불타는 시가지에서 한 사내가 나타나 조용히 이쪽을 향해 걸어오고 있었다. 그가 가진 것은 오직 지팡이 한 개뿐이었고 많은 사람들이 이 모습을 지켜보았다. 사람들이 그에게 물었다.

"당신은 전혀 당황하지 않는군요."

그가 말했다.

"무엇 때문에 내가 당황하겠소. 나는 이 지팡이 하나밖에 가진 것이 없소. 지금 이 시간은 나의 아침 산책 시간이오."

 가진 것이 없는 사람은 잃을 것을 걱정하지 않는다.

# 바보의 현명한 논리

**어떤 왕**이 있었다. 그는 자신의 나라를 도덕적으로 만들겠다는 생각을 가지고 있었다. 그는 누구라도 거짓말하는 것을 용납하지 않았고, 거짓말을 한 자는 엄하게 처벌하겠다고 말했다. 현명한 신하들은 왕의 제안에 동의하며 왕보다 열렬히 그것을 주장했다.

어느 현명한 신하가 거짓말은 반드시 처벌해야 한다고 한 번 더 변죽을 울렸다. 그러자 또 다른 신하가, 거짓말이 발각되면 즉시 사형을 선고해야 한다고 말했다. 그는 거짓말을 한 사람을 저잣거리로 끌어내 교수형에 처함으로써 모든 국민들이 거짓말의 대가가 무엇인지를 알도록 해야 한다고 말했다.

그때 그 말을 듣고 있던 한 바보가 말했다.

"좋습니다. 그런데 아마 내일 아침에 나는 성문 앞에서 당신들을 보게 될 듯하오."

그러자 신하들이 말했다.

"그게 무슨 말이오?"

바보는 다시 한번 강조하며 말했다.

"성문 앞에서 당신들을 보게 될 거라는 말이오."

그리고 그는 왕에게 말했다.

"폐하, 교수대를 준비하도록 하십시오. 제가 지금 거짓말을 하고 있지 않습니까."

"그대는 미쳤군."

왕이 다그치자 바보가 다시 대답했다.

"저는 언제나 미쳐 있습니다. 그렇지만 저는 당신들 모두를 내일 아침 성문 앞에서 보게 될 것입니다. 교수대를 준비하도록 하시지요. 제가 제일 먼저 처형당할 것입니다."

다음날 아침 어김없이 성문이 열렸고 교수대가 설치되었다. 그때 바보가 당나귀를 타고 어슬렁어슬렁 들어왔다.

왕이 물었다.

"그대는 어디로 가는가? 그대는 정말 바보인가?"

왕은 성문 앞까지 가기 위해 아침 일찍 일어나야 했기 때문에 몹시 화가 나 있었다.

그러자 바보가 말했다.

"저는 교수대로 가고 있습니다. 준비하시지요. 저는 교수대에 죽으러 가는 것입니다."

모든 현명한 신하들과 왕은 당황하며 어찌할 바를 몰랐다. 만약 그를 죽인다면 진실을 말한 자를 죽이는 것이 되고, 그를 죽이지 않는다면 그의 거짓을 인정하는 것이 되기 때문이었다.

그때 바보가 웃으며 말했다.

"당신들은 전부 바보들이오. 누가 허위를 금할 수 있으며 누가 비도덕적인 것들을 막을 수 있겠소? 세상 모든 것은 조화 속에 어우러져야 하는 것이오."

 불협화음이 있기 때문에 훌륭한 화음 또한 존재할 수 있는 것이다.

# 무죄

**어떤 사람**이 가짜 돈을 사용하다가 걸려 법의 심판을 받게 됐다. 그는 재판을 받는 도중 그 돈이 가짜였다는 것을 몰랐다고 호소했다. 판사가 몰랐다는 것을 증명하라고 하자 그는 다음과 같이 자백했다.

"그것은 훔친 돈이기 때문입니다. 내가 가짜 돈이라는 것을 알았다면 그것을 훔쳤겠습니까?"

판사는 잠시 생각을 해보더니 그의 말이 이치에 맞다는 판결을 내린 후 가짜 돈을 사용했다는 죄목을 삭제했다.

그러나 그는 새로운 죄목인 절도죄로 재판을 받기 시작했다.

"분명히 저는 그것을 훔쳤습니다."

그는 순순히 자백했다.

"그러나 가짜 돈은 법적인 가치가 없습니다. 그러니 '아무

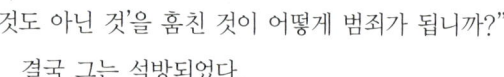

것도 아닌 것'을 훔친 것이 어떻게 범죄가 됩니까?"

결국 그는 석방되었다.

# 암탉의 여행

제비들이 농가의 지붕에 한 줄로 앉아 여름과 남쪽에 대해 많은 이야기를 나누었다. 왜냐하면 가을이 다가오면 북풍이 불 것이기 때문이었다.

어느 날 갑자기 제비들이 모두 날아가버렸다. 그러자 다른 짐승들이 모두 모여 제비들과 그들이 날아간 남쪽에 대해 이야기했다.

암탉 한 마리가 말했다.

"내년에는 나도 남쪽으로 갈 테야."

해가 바뀌어 제비들이 돌아왔고, 봄과 여름이 흘러갔다. 다시 제비들은 지붕 위에 앉았고, 닭들은 양계장에서 남쪽으로 가겠다고 나선 암탉의 출발에 대해 논의했다. 이윽고 어느 날 이른 아침, 북쪽에서 바람이 불어오자 제비들이 바람을 타고 비상하며 하늘로 날아올랐다. 제비들은 높이높이 날아올라 도시의 어두운 먹구름을 뚫고 멀리 떠나버렸다.

"저 바람은 얼마나 위대한가!"

암탉이 외쳤다.

암탉은 날개를 펼치고 그 위대한 바람을 안으며 양계장 밖으로 달려 나갔다. 암탉은 푸덕거리며 길 밖으로 계속 달렸다. 잠시 후 암탉은 어느 낯선 곳에 주저앉았는데 거기엔 아름다운 정원이 있었다. 저녁이 되자 암탉은 헐떡거리며 다시 양계장으로 돌아왔다. 돌아온 암탉은 다른 닭들에게 남쪽으로 가는 빠른 길과 거대한 세상의 교통 따위에 대해 이야기했다. 감자가 자라는 땅과 사람들이 사는 마을을 보고, 길 끝에서는 정원을 발견했으며 그곳에는 아름다운 장미들과 정원사도 있었다고 이야기해주었다.

"얼마나 재미있었을까!"

감탄한 다른 닭들이 말했다.

"얼마나 아름다운 묘사인가!"

겨울이 가고 다시 봄이 왔다. 제비들이 다시 돌아왔지만 이제 닭들은 남쪽에 바다가 있다는 말을 믿지 않았다.

"당신들은 이제 우리 암탉을 믿어야 해."

닭들이 제비들에게 말했다.

# 반복된 실수

중소기업에 다니는 한 직원이 한 달 봉급을 받았다. 그런데 거기에는 10만원짜리 수표가 한 장 더 들어 있었다. 그 직원은 아마도 회계원이 계산을 잘못한 모양이라며 몹시 기뻐했다.

그런데 다음달에는 10만원이 부족했다. 직원은 즉각 회계원에게 따졌다. 그러자 회계원이 이렇게 말했다.

"이보시오, 그렇다면 내가 지난달에 10만원을 더 넣었을 때는 왜 불평하지 않았소?"

직원이 대답했다.

"내 말 좀 들어봐요. 실수는 한 번으로 족해요. 그런데 실수가 두 번이나 반복되지 않았소? 나는 그 점이 불만인 거요."

# 전문가의 비애

"정말 놀랍군!"

어떤 교수가 그의 아내에게 말했다.

"우리가 이렇게 무지했다니! 거의 모든 사람들이 자신의 특정 분야에 대해서만 전문가일 뿐 그로 인해 더더욱 편협해지지 않았나. 모두가 다른 사람이 하는 일에 대해서는 전혀 모르고 있어."

아내는 고개를 끄덕였다.

"당신 말이 맞아요."

교수가 말을 이었다.

"나는 내 자신이 현대 과학을 따라가지 못하고 있다는 것이 부끄럽소. 전등을 예로 들어봅시다. 나는 어떻게 해서 불이 켜지는지 전혀 모르겠소."

그러자 그의 아내가 의기양양한 표정으로 미소를 지으며

말했다.

"어머, 당신이 그처럼 무지하다니 정말 부끄러운 일이군요. 그건 간단해요. 스위치만 누르면 되잖아요?"

 아무리 간단한 것이라도 복잡하게 생각하면 복잡하고 어려워진다.

# 수업료

**위대한** 작곡가이자 음악가인 모차르트는 그를 찾아오는 사람에게 항상 이러한 질문을 던지곤 했다.

"전에 어디선가 음악을 배운 적이 있습니까?"

모차르트는 그가 만일 배운 적이 있다고 대답하면 수업료를 두 배로 청구했다. 그리고 전혀 배운 적이 없다고 말하면 수업료를 반만 받았다.

이런 모차르트의 행동을 이상하게 여긴 어떤 사람이 그 이유를 물었다.

"음악을 전혀 모르는 사람이 오면 수업료를 반만 내라고 하고 10년 동안이나 음악을 공부한 사람이 오면 수업료를 두 배로 내라고 하시는데, 도대체 무슨 까닭입니까?"

"물론 이유가 있습니다."

모차르트가 말했다.

"음악을 배운 사람은 먼저 찌꺼기를 거두어내야 하니 그것이 더 힘든 작업입니다. 그 사람이 가지고 있는 모든 것을 파괴하는 것이 가르치는 것보다 더 힘들기 때문입니다."

# 최후의 변호

**무능력한** 변호사가 종신형을 선고받고 감옥살이를 하는 자신의 고객을 찾아갔다.

그는 면회실에서 자신의 고객을 만나 자기가 취한 여러 가지 법적 절차에 대해 설명했다.

"하급 법원에 자료를 제출하고 호소해보았지만 소용없었소. 그래서 최고 법원에 호소했지만 결과는 마찬가지였소. 그 다음에는 연방 지방 법원에 자료를 제출해 호소해 보았지만 역시 기각되었소. 그래서 최후의 수단으로 지난주에는 미합중국 최고 법원에 호소해 보았지만 허사가 되고 말았습니다."

그러자 고객이 버럭 소리를 질렀다.

"그럼 아무 방도가 없단 말이오?"

"마지막 한 가지 방법이 남아 있습니다."

변호사는 자신의 가방에서 조심스럽게 쇠톱을 하나 꺼내 몰래 죄수에게 주었다.

"탈옥하시오."

# 변명

한 유능한 복서가 챔피언 타이틀 시합을 코앞에 두고 있었다. 그는 유력한 챔피언 후보였다. 그러나 그는 오래전부터 뉴욕의 화려한 밤거리와 향락에 빠져 헤어 나오지 못하고 있었다. 그를 지켜보던 코치가 마침내 그에게 말했다.

"만일 자네가 시합을 할 때까지 계속 밤의 향락을 즐기겠다면 나는 자네의 컨디션 저하를 이유로 시합을 취소하겠네."

그러자 그 복서는 절제를 약속한 뒤 약 일주일 동안 열심히 연습만 했다. 그러나 그것은 오래 가지 못했다.

어느 날 새벽 몰래 숙소를 빠져나갔던 복서는 들어오던 길에 매니저와 딱 마주치고 말았다.

"도대체 어떻게 된 거야?"

"이상한 소리가 나서 한 바퀴 돌아보고 오는 길입니다."

복서가 말했다.
"그래? 그런데 정장은 왜 입었나?"
"혹시 침입자가 숙녀일지도 모른다고 생각했기 때문이죠."

 변명을 많이 할수록 자신은 초라해진다.

# 결혼의 위험

**저녁 무렵** 남편이 자신의 부인에게 전화를 걸어 말했다.

"친구 한 명과 같이 집에서 저녁 식사를 하기로 했소."

부인이 소리를 지르며 대꾸했다.

"바보 같은 양반, 당신도 잘 알고 있잖아요. 요리사는 벌써 가버렸고, 아이는 이가 나는 중이고, 나는 사흘 동안 열이 있단 말이에요."

그러자 남편이 아주 낮은 음성으로 조용히 대답했다.

"나도 잘 알고 있소. 그래서 더욱 그 친구를 집에 데려가려고 하는 거요. 글쎄, 그 바보가 결혼할 생각을 하고 있거든."

# 도조의 침묵

한평생 묵언 수행을 한 도조라는 선승이 있었다. 그는 평생 말을 한마디도 하지 않고 지냈다. 어린 소년이었을 때 갑자기 자신이 더 이상은 어떤 말도 할 수 없게 됐다고 생각했던 것이다. 그러나 그는 벙어리가 아니었고, 얼마 안 가 사람들은 그가 말을 하지 않을 뿐 벙어리가 아님을 눈치 채게 되었다.

그의 눈은 매우 빛나면서 지적으로 보였고, 그의 행동은 현명했기 때문에 사람들은 그가 단순히 침묵을 지키고 있을 뿐이라는 것을 알게 되었던 것이다. 그는 80년 동안을 침묵으로 일관했다.

그러던 그가 죽는 날 처음이자 마지막으로 말을 했다. 그가 죽던 날 막 동이 틀 무렵 그는 자신을 따르던 많은 친구들을 불러 모았다. 그는 침묵으로 한평생을 살았지만 누구보다도 귀중한 삶을 살아왔다. 그의 삶은 다른 사람들에게 많은 귀감이 되었다. 그래서 많은 사람들이 그를 따랐고 제자들도 많았다. 그들은 도조 주위에 말없이 둘러앉았다. 그리고 도조의 침묵과 하나가 되었다.

그는 자신을 따르는 사람들이 모두 모인 자리에서 드디어 입을 열었다.

"오늘 저녁 해가 질 무렵 나는 죽게 될 것이다. 이건 나의 처음이자 마지막 말이다."

그러자 한 사람이 말했다.

"그렇게 말할 수 있으면서 당신은 어째서 한평생을 침묵으로 보냈습니까?"

그가 대답했다.

"세상의 모든 것은 불확실하다. 오직 죽음만이 확실할 뿐이다. 그리고 나는 확실한 것만 말하려고 했다."

우리가 확실하다고 믿는 것은 우리의 바람일 뿐 그것 자체가 확실한 것은 아니다.

# 두 개의 넥타이

어느 한 남자가 60회 생일을 맞이했다. 그와 그의 아내는 결혼 생활 40여 년간 거의 하루도 빠짐없이 다투어왔다.

그런데 그날 그가 집으로 돌아왔을 때 아내는 아름다운 두 개의 넥타이를 선물로 준비해놓고 있었다. 그는 아내의 행동에 무척 놀라며 매우 행복한 얼굴로 말했다.

"저녁 식사는 나가서 먹읍시다. 빨리 준비하고 시내의 가장 훌륭한 레스토랑으로 갑시다."

그는 목욕을 한 뒤 그녀가 선물해준 넥타이 중 하나를 맸다. 그러자 그 모습을 잠자코 바라보던 아내가 화난 어조로 소리쳤다.

"뭐예요? 다른 넥타이는 마음에 들지 않는다는 건가요? 다른 넥타이는 그냥 옷장에 둘 작정이세요?"

# 닭고기와 물고기

한 가톨릭 신부가 어느 유태인을 가톨릭 쪽으로 개종시키려고 노력하고 있었다.

신부가 말했다.

"당신이 할 일은 그저 하루에 세 번씩 이렇게 말하는 것입니다. 나는 유태교도였지만 지금은 가톨릭교도다. 나는 유태교도였지만 지금은 가톨릭교도다. 나는 유태교도였지만 지금은 가톨릭교도다."

그는 신부가 시키는 대로 했다.

어느 날 신부는 그의 집으로 가서 그가 정말 개종했는지 확인해봐야겠다고 마음을 먹었다. 신부가 금요일에 그의 집을 찾아갔을 때, 유태인은 마침 닭고기 요리를 하고 있었다.

신부가 말했다.

"이제 금요일에는 닭고기를 먹어선 안 된다는 걸 잘 아시잖아요."

"아, 그럼요. 전 이놈을 냄비에다 세 번 넣다 뺐다 하면서 말했지요. 넌 닭고기였지만 지금은 물고기다. 넌 닭고기였지만 지금은 물고기다. 넌 닭고기였지만 지금은 물고기다."

# 한 페이지의 원고

헐리우드의 한 유명한 감독이 신인 작가가 제출한 시나리오를 읽고 있었다. 그는 원고를 대충 넘겨보더니 불만스럽게 말했다.

"너무 길군요. 요약해서 다시 가져오시오."

다음날 신인 작가는 작품 전체를 다섯 페이지로 요약해서 가져갔다.

"이것도 길어요. 난 바쁜 사람이니 더 짧게 요약해서 가져오시오."

한 시간쯤 뒤 신인 작가는 한 페이지에 다음과 같이 요약해서 가지고 왔다.

남자 주인공은 중위, 여자 주인공은 그의 상관인 대령과 결혼함.
그러나 두 남녀는 정열적인 사랑에 빠짐. 자살함.

이걸 본 감독이 말했다.
"이 작품은 안 되겠소. 이건 '안나 카레니나'잖소."

 좋은 책은 최고의 친구이다. 오늘도 그렇고 앞으로도 그럴 것이다.

# 사자와 여우

**사자와 여우**가 함께 식당으로 들어갔다. 자리에 앉은 여우가 식사를 주문했다. 그런데 주문한 것은 1인분 뿐이었다.

웨이터가 물었다.

"친구 분은 어떤 것을 주문하시겠습니까?"

그러자 여우가 말했다.

"무슨 말이오? 그가 배가 고프면 내가 지금 여기 앉아 있을 수 있겠소?"

# 문제 해결


하루는 한 사내가 친구 집에서 지내게 됐는데, 주인인 친구가 자신의 아이를 소개하면서 이렇게 말했다.

"이 아이가 문제입니다. 도대체 한순간도 가만히 앉아 있질 않고 뭔가를 하고 있거든요."

사내가 말했다.

"자네라면, 그리고 그대의 아내라면 가만히 앉아서 아무것도 하지 않을 수 있겠는가?"

그러자 그의 아내가 말했다.

"그러고 보니 한 번도 그것에 대해 생각해보지 않았군요. 당신 말이 옳아요. 내 남편도 일요일이면 쓸데없이 자동차에 매달리거든요. 문제없이 잘 달리는데도 뭔가 고치려고 하다 결국 다시 차고에 집어넣지요. 남편도 가만히 앉아 있을 수 없고, 나도 가만히 앉아 있을 수 없어요. 그러니 우리도 우리의 아이와 다를 바가 없네요. 미처 그 점은 생각하지 못했어요. 당신이 우리를 일깨워주었군요. 우리는 아이한테 가만히 앉아 있으라고 말할 권리가 없어요."

사내가 덧붙였다.

"먼저 아이에게 집 주위를 일곱 바퀴만 돌라고 하십시오. 그러면 조용히 앉아 있을 것입니다."

그러고 나서 사내는 아이에게 말했다.

"가서 집 주위를 일곱 바퀴만 돌아라."

그러자 아이가 이상하다는 듯이 물었다.

"왜요?"

"그냥 일곱 바퀴만 돌아라. 네가 얼마나 잘 뛰는지 모두에게 보여주렴."

결국 아이는 집 주위를 일곱 바퀴나 뛰었고, 그러고 나서는 정원에 아주 조용히 앉아 있었다. 사내가 아이의 부모에게 다시 말했다.

"당신들도 똑같이 하면 됩니다. 앉아 있고 싶어질 때까지 집 주위를 도는 거지요."

부모는 누구나 자식이 잘 되기를 바란다. 그러나 교육은 모두 다르다.

## 사내의 주장

**어떤 사람**이 뮬라와 얘기를 하다가 그에게 물었다.

"당신은 왜 부인에게 그렇듯 인색하게 굽니까?"

뮬라는 그가 잘못 알고 있다는 듯이 말했다.

"당신이 뭔가 잘못 알고 있군요. 나는 매우 관대하고 마음이 넓은 사람이오."

그러자 질문을 한 사람이 버럭 화를 냈다. 그는 원래부터 누군가가 자기 의견에 반대하면 무조건 화를 내는 사람이었다. 그는 분노하며 이렇게 말했다.

"변명하지 마시오. 동네 사람들 모두가 알고 있소. 당신이 부인에게 너무 잔인하다고 말이오. 당신 부인은 생활비까지 매일 구걸해야 한다고 하더군요. 변명해봐야 아무 소용이 없어요. 사람들이 다 알고 있으니까."

그 말을 들은 뮬라가 말했다.

"좋습니다. 당신이 정 그렇게 주장한다면 굳이 변명하지는 않겠소. 대신 이것만은 말해야겠소."

그러자 그 사람이 큰소리로 다시 말했다.

"그런 주제에 또 무슨 할 말이 있소?"

뮬라가 대답했다.

"난 아직 결혼하지 않았소."

그날부터 그 사람은 뮬라와 가까이 하려 들지 않았다. 그 사람을 우연히 만난 어떤 사람이 그에게 물었다.

"뮬라는 결혼하지 않았으니 그 문제는 애초부터 잘못된 것이 아니오. 그 논쟁은 아무 근거도 없는 것이었소. 그런데 왜 아직도 화가 풀리지 않은 겁니까?"

그러자 그가 대답했다.

"아니오. 지금은 근거가 없다고 하지만 그건 아무래도 상관없습니다. 다만 시간문제일 뿐입니다. 두고 보십시오. 조만간에 그는 결혼할 것이고, 그때는 내가 옳다는 것이 증명될 것입니다. 두고 보십시오. 내 말이 틀릴 수는 없습니다."

 억지는 그 어떤 무기보다 강력하다.

# 뿌리의 비결

마을의 모든 정원 일을 휩쓸 만큼 훌륭한 정원사가 있었다. 어느 누구도 그 사람처럼 갖가지 종류의 꽃들을 훌륭하게 피워낼 수는 없었다.

어느 날 한 사내가 그에게 물었다.

"도대체 그 비결이 무엇입니까?"

그가 대답했다.

"뿌리를 가장 소중하게 다루는 겁니다. 그게 비결이지요."

그 말을 들은 사내가 다시 물었다.

"무슨 뜻이지요?"

그러자 그가 덧붙였다.

"꽃을 계속 잘라내는 겁니다. 난 나무에 매달린 평범한 꽃봉오리를 그냥 놔두지 않습니다. 만약 백 송이의 꽃이 피면 몇 송이만 남겨놓고 다 잘라버립니다. 그래야 불필요한 곳에 영양분을 빼앗기지 않아 뿌리가 점점 튼튼해지고, 한 송이 꽃일지라도 크고 아름답게 피울 수 있는 것입니다. 이게 바로 내 비결입니다."

# 나만 아는 사실

정신 분석가로 이름을 떨치고 있는 의사가 스스로를 팝콘이라고 생각하는 한 환자를 치료하게 되었다. 몇 년 동안 열심히 치료한 결과, 그 환자는 완치 직전에 다다랐다.

"당신은 누구십니까?"

의사의 질문에 환자가 어이없다는 표정을 지으며 대답했다.

"물론 사람이지요."

병이 완치됐다고 판단한 정신 분석가는 그 환자를 퇴원시켰다. 그런데 병원을 나간 지 채 5분도 되지 않아 그 환자가 공포에 질린 얼굴로 돌아왔다.

"선생님, 선생님. 밖에 병아리가 있는 걸 모르고 나갔다가 겨우 도망쳐왔습니다."

"겁날 게 무엇입니까? 이제 당신이 팝콘이 아니라는 걸 알

고 있지 않습니까?"

"물론 저는 알고 있지요. 하지만 병아리들은 그 사실을 모르고 있을 거 아닙니까?"

 자연은 모든 규칙에 예외되는 것이다.

## 젊은 수도승과 처녀

절로 돌아가던 두 승려가 해가 뉘엿뉘엿 질 무렵 어느 냇가에 이르렀다. 그때 한 처녀가 냇가에서 머뭇거리고 있는 것이 보였다. 나이 많은 승려는 얼른 눈을 감아버렸다. 그는 계율을 잘 지키기로 이름난 승려였는데, 스스로 색정에 휘말리는 것을 두려워한 것이다.

그는 눈을 감고 먼저 개울을 건너기 시작했다. 그러나 계율을 잘 모르는 신출내기 수도승은 주저하지 않고 처녀에게 물었다.

"왜 여기 서 있지요? 금방 어두워질 텐데. 더욱이 여기는 인적이 드문 곳이라오."

처녀가 대답했다.

"개울을 건너야 하는데 무서워서 건널 수가 없어요. 그러니 좀 도와주세요."

아닌 게 아니라 장마 뒤라 개울물이 많이 불어 있었다. 처녀의 말을 들은 젊은 수도승이 이렇게 말했다.

"물이 깊으니 내 등에 업히시오."

먼저 개울을 건넌 나이 많은 승려는 뒤를 돌아보고는 깜짝 놀랐다. 수도승이 그 처녀를 등에 업고 있는 것이 아닌가. 그는 매우 당황하며 마음속으로 생각했다.

'이것은 죄다.'

사실 그는 자신이 선배였기 때문에 죄의식을 느끼고 있었다. 그는 젊은 수도승을 말렸어야만 했다. 이것은 명백한 죄였으며, 그는 이 사실을 큰스님에게 고해야만 했다.

개울을 다 건넌 젊은 수도승은 처녀를 내려놓고는 선배 승려와 함께 절을 향해 걷기 시작했다. 절까지는 아직 삼사 리가 남아 있었지만 선배 승려는 화가 나서 아무 말 없이 걷기만 했다. 그리고 마침내 절 입구에 이르자 그제야 선배 승려가 입을 열었다.

"자네는 오늘 큰 잘못을 저질렀네. 그것은 금지된 행동이야."

그 말을 들은 젊은 수도승이 어리둥절해 하며 물었다.

"제가 무슨 잘못이라도 저질렀는지요? 저는 계속 침묵을 지켰습니다. 저는 한마디도 하지 않았는걸요."

선배 승려가 말했다.

"개울에서 여기까지 걸어오는 동안을 말하는 것이 아닐세. 자네가 개울에서 업어준 그 처녀에 대해 말하고 있는 거야."

그러자 젊은 수도승이 미소를 지으면서 말했다.

"저는 개울을 건너자마자 곧바로 처녀를 내려놓았는데 스님은 아직도 그 처녀를 업고 계시는군요."

# 아름다운 표현

 **어느 날** 뮬라가 친구 집을 방문했다. 그 집에는 몹시 귀여운 여덟 살짜리 사내아이가 있었는데 마침 그 아이는 정원에서 나비를 쫓아다니고 꽃을 따 모으면서 즐겁게 뛰어다니고 있었다. 한쪽에서는 정원사가 나무들을 손질하고 있었는데 갓 잘려진 나무들에서 상큼한 향기가 풍겨 나왔다. 뛰놀던 아이가 집 안으로 들어왔다. 그러자 아이의 어머니가 물었다.

"어디에서 놀다 왔니?"

"밖에서요."

"무엇을 하면서 놀았니?"

"아무것도 하지 않았어요."

뮬라가 아이에게 이렇게 물었다.

"애야, 너는 정원에서 여러 가지를 하며 놀았으면서도 왜 아무것도 하지 않았다고 거짓말을 하는 거니?"

그러자 아이가 말했다.

"향기와 나비 그리고 꽃들. 그것들은 말로는 표현할 수 없는 것들이에요."

# 진리 속의 진리

어떤 물고기가 여왕 물고기에게 물었다.

"저는 바다에 관한 이야기를 많이 들었고 바다에 관해 누구보다도 많이 이야기했습니다. 그런데 도대체 바다는 어디에 있는 건가요?"

그러자 여왕 물고기가 웃으면서 대답했다.

"너는 바다에서 태어나 바다에서 살고 있다. 네가 이야기하는 바로 이 순간에도 너는 바다 속에 있으며 바다는 또 네 안에 있다. 그리고 어느 때인가 너는 그 바다 속으로 사라질 것이다."

# 치료방법

**어느 날** 버나드 쇼가 담당 의사에게 전화를 걸었다.

"선생, 내가 지금 굉장히 아픕니다. 마치 심장이 멈출 것 같은 고통이 느껴집니다. 빨리 와주십시오."

의사가 재빨리 달려왔다. 그는 정신없이 달려 층계를 세 개씩 뛰어오르느라 많은 땀을 흘리고 있었다. 집 안으로 들어선 의사는 곧바로 의자에 쓰러져 눈을 감았다. 버나드 쇼가 깜짝 놀라 침대에서 뛰쳐나오면서 소리쳤다.

"무슨 일입니까?"

의사가 힘없는 목소리로 대답했다.

"아무 말 마세요. 나는 곧 죽을 것 같습니다. 심장마비요."

버나드 쇼는 즉시 그가 마실 차를 가져오고 아스피린을 찾아오는 등 자신이 할 수 있는 응급 처치를 모두 취했다. 30분쯤 뒤 몸을 회복한 의사가 버나드 쇼에게 말했다.

"자, 이제 나는 가야겠으니 진료비를 주십시오."

그 말을 들은 버나드 쇼가 어이없다는 표정으로 말했다.

"이봐요, 선생. 오히려 당신이 나에게 돈을 지불해야 하는 거 아니오? 나는 거의 반시간 동안이나 당신을 위해 뛰어다녔소. 그런데 당신은 아직 내 병에 대해서는 한 가지도 치료한 것이 없지 않소."

그러자 의사가 미소를 지으며 말했다.

"이것이 내 치료 방법입니다. 어쨌든 당신은 완쾌됐으니 나에게 치료비를 지불해야 합니다."

 선생님은 교과서 외에 다른 것에서 더 많은 것을 가르쳐야 한다.

# 사랑의 첫 발자국

**어떤 사람**이 인도의 성자인 라마누자를 찾아갔다.

"저는 신을 사랑하고 싶습니다. 어떻게 하면 될까요?"

그러자 라마누자가 대답했다.

"지금까지 그대는 누구와 사랑해본 적이 있는가?"

그가 대답했다.

"저는 사람을 사랑하는 데는 전혀 관심이 없습니다. 저는 오직 신만을 원하고 있습니다."

라마누자가 다시 말했다.

"다시 한 번 생각해보게. 자네는 지금까지 어떤 여자나 어린아이 혹은 그 누구도 사랑해 본 적이 없는가?"

그가 또다시 대답했다.

"아까도 말씀드렸지만 저는 지극히 종교적이라 세속적인 것과는 인연을 끊고 살아온 사람입니다. 저는 어떤 사람도 사랑하지 않습니다. 다만 신에게 이를 수 있는 올바른 길만을 원할 뿐입니다."

그 대답을 들은 라마누자는 한숨을 쉬었다. 그는 슬픔을 참으며 이렇게 말했다.

"그렇다면 그대가 신을 사랑하는 것은 불가능하다. 먼저 누군가를 사랑하는 것, 그것이 신을 향한 첫걸음이다. 그대는 아직 신을 향한 첫 발자국도 떼지 못했다. 돌아가서 그대 이웃을 먼저 사랑하라."

 신은 인간을 위해서 존재한다. 그러므로 우리 주위의 사람을 사랑하는 것이 신을 사랑하는 것이다.

# 낯선 세계

한 사내가 기차 여행을 하고 있었다. 그때 사내가 탄 칸막이 안에는 또 한 명의 승객이 타고 있었다. 그는 사내와 이야기를 하고 싶어하는 눈치였다. 그러나 사내는 아무 말도 하고 싶지 않았다.

그가 뭔가 물어올 때마다 사내는 간단히 "예" 또는 "아니오"라고만 대답했다. 사내는 그의 물음에 전혀 관심이 없었다. 그가 먹을 것을 내밀면 "생각이 없습니다."라고 말했고, 그가 담배를 권하면 "안 피웁니다."라며 사양했다. 이윽고 그가 술을 권하자 – 그는 의사였다 – 사내는 "안 마십니다."라고 말했다. 그러자 그가 민망해 하며 말했다.

"그럼 대체 어떻게 해야 당신과 친해질 수 있는 거요? 우린 앞으로 이틀 동안이나 이 칸막이 안에서 같이 지내야 합니다. 그런데 우리 두 사람은 전혀 친해질 가능성이 없는 것 같군요."

그 말에도 사내는 그저 이렇게 말할 뿐이었다.

"정말 그런 것 같군요."

그러고 나서 사내는 그를 유심히 지켜보았다. 그는 점점 더 초조해 하면서 어찌할 바를 몰라 했다. 그는 여행 가방을 열었다 닫았다, 창문을 열었다 닫았다 하고, 옷을 괜히 매만지거나 신문을 반복해서 읽곤 했다. 그리고는 간간이 사내를 쳐다보면서 마치 "도대체 왜 그러는 거요?"하고 묻는 표정을 짓곤 하였다. 그러나 사내는 그저 묵묵히 앉아서 그의 안절부절 못하는 모습을 바라보기만 했다. 그렇게 한두 시간쯤 지나자 그가 마침내 차장을 불렀다.

"다른 칸으로 옮겼으면 하오."

차장이 뭐가 잘못됐느냐고 묻자 그는 이렇게 말했다.

"잘못된 건 아무것도 없습니다. 다만 이 양반이 너무 말이 없어서 답답해 미치겠습니다. 이 양반의 침묵 때문에 도무지 견딜 수가 없단 말입니다. 이 양반은 꼼짝도 하지 않고 침묵만 지킨단 말이오."

# 2달러

**어떤 부부**가 플로리다로 관광 여행을 갔다.

그들은 여행 도중 여덟 마리의 말들이 트랙을 달리는 광경을 보고는 이내 경마에 매혹되었다.

부부는 경마에 큰돈을 걸었고, 며칠 후 그들의 수중에는 2달러밖에 남지 않았다. 그러나 낙천적인 성격의 남편은 모든 일이 잘될 것이라고 아내를 설득한 뒤 이번에는 혼자 경마를 하러 갔다.

그는 경기마다 돈을 걸었고 운 좋게도 경기마다 돈을 땄다. 드디어 마지막 레이스가 끝날 무렵에는 1만 달러 이상의 돈이 그의 주머니에 들어 있었다.

연승의 행운을 계속 밀고 나가리라 결심한 그는 호텔로 돌아가는 길에 조그만 도박장으로 들어갔다. 그는 도박장에서도 연승을 올려 모두 4만 달러를 땄다. 그는 딱 한 번만 더 하고 돌아가겠다고 결심했다.

그는 마지막으로 4만 달러를 모두 걸었다. 그러나 승리의 여신은 남편에게 미소를 보내지 않았고, 남편은 2달러까지 모두 잃었다.

그는 호텔까지 걸어서 돌아왔다. 베란다에서 그를 기다리던 아내가 애타는 얼굴로 물었다.

"어떻게 됐어요?"

그러자 남편이 어깨를 으쓱하며 말했다.

"2달러 잃었어."

 운은 어쩌다 오는 것이지 매일 뜨는 해처럼 우리 곁에 오지 않는다.

# 3층 누각

할 줄 아는 것이라곤 돈 모으는 재주밖에 없는 어리석은 부자가 살고 있었다.

어느 날 그는 이웃에 사는 부잣집에 갔다가 3층 누각을 구경하게 되었다. 그것은 아름답고 화려할 뿐만 아니라 넓고 높아 시원스러워 보였다. 어리석은 부자는 그것을 무척 부러워하며 이렇게 생각했다.

'나도 저 사람 못지않게 재산이 많은데 왜 나는 아직까지 저런 누각을 짓지 않았던가?'

그는 당장 목수를 불렀다.

"저것처럼 아름답고 웅장한 누각을 지을 수 있겠소?"

"저 누각도 제가 지은 것입니다."

"그럼 저런 누각을 하나 지어주시오."

부탁을 받은 목수는 곧 땅을 고르고 벽돌을 쌓아 누각을 짓기 시작했다. 그 광경을 지켜보던 부자가 물었다.

"어떤 집을 지으려는 것이오?"

"3층 누각을 짓는 중입니다."

그러자 어리석은 부자가 이렇게 말했다.

"아래 두 층은 필요 없으니 맨 위층만 속히 지어주시오."

"어떻게 그럴 수 있습니까? 아래층을 짓지 않고 어떻게 2층을 지을 것이며 2층을 짓지 않고 어떻게 3층을 지을 수 있단 말입니까? 나는 그런 집은 지을 수 없습니다."

# 교황의 참을성

로마 교황의 시종이 교황의 아침 성찬을 나르다가 미끄러지는 바람에 음식을 모두 바닥에 쏟아버리고 말았다. 그는 미끄러지면서 "제기랄!" 하고 소리를 질렀다.

그 말을 들은 교황이 방에서 나와 말했다.

"내 아들아, 여기에서는 욕설을 하지 말거라. 대신 '아베마리아'라고 하여라."

어찌 된 일인지 시종은 다음날 아침에도 교황의 성찬을 나르다가 또 미끄러졌다.

"제기랄!"

그가 다시 소리쳤다.

"아니다, 내 아들아. '아베 마리아'라고 말하여라."

교황이 다시 말했다.

세 번째 날 시종은 불안한 생각이 들었다. 그리고 그 불안은 여지없이 맞아떨어져 그는 또다시 바닥에 미끄러지고 말았다. 그러자 그는 정확하게 소리쳤다.

"아베마리아!"

그때 교황이 고함을 질렀다.

"그게 아니야! 제기랄! 오늘로써 아침을 거르는 것이 세 번째란 말이다!"

## 신의 존재

**인도**의 갠지스 강 근처에 바바라는 유명한 신비주의자가 살고 있었다. 어느 날 한 젊은이가 그를 찾아왔다. 그때 그는 갠지스 강에서 목욕을 하는 중이었다. 젊은이가 그 신비주의자에게 물었다.

"어떻게 하면 신을 찾을 수 있습니까?"

질문을 받은 바바는 다짜고짜 그 젊은이를 물속 깊은 곳으로 끌고 가 물속에 젊은이의 머리를 빠뜨려버렸다. 바바는 젊은이가 맥이 빠져 거의 실신 상태가 되어서야 그를 물 밖으로 끌어냈다.

젊은이가 숨을 몰아쉬며 물었다.

"왜 이러는 겁니까?"

그러자 성자 바바는 젊은이를 향해 미소를 지으면서 다음과 같이 대답했다.

"당신이 물속에서 공기를 간절히 원했던 것처럼 신을 찾아야만 비로소 신을 발견하게 될 것이오."

 신은 유신론자에게만 모습을 드러낸다.

# 공덕천과 흑암천

**욕심 많은** 부자의 집에 어떤 여인이 찾아왔다.

"당신은 어디 사는 누구입니까?"

"저는 공덕천입니다."

"당신은 무슨 일을 하십니까?"

"찾아가는 곳마다 온갖 보물과 기쁨을 드리는 것이 저의 일입니다."

이 말을 들은 부잣집 주인은 그 여인을 집안으로 맞아들여 향을 피우고 꽃을 뿌려 극진히 대접했다. 그런데 조금 후에 또 한 여인이 부잣집 문앞에 서 있었다. 그 여인은 얼굴이 온통 찌그러지고 지저분하며 남루한 누더기 옷을 걸치고 있었다.

기분이 언짢아진 주인이 퉁명스럽게 물었다.

"당신은 누구요?"

"나는 흑암천이라 합니다."

"그래 무슨 일로 왔소?"

"나는 가는 데마다 그 집의 재산을 없애고 슬픔을 불러일으킵니다."

이 말을 들은 주인은 칼을 빼들면서 "당장 물러가지 않으면 이 칼로 죽여버릴 테다!"라고 소리치며 덤벼들었다.

그러자 그 여인이 말했다.

"당신은 참으로 어리석은 사람이오. 조금 전에 당신 집에 찾아온 여인은 바로 내 쌍둥이 언니요. 나는 항상 언니와 행동을 같이하기 때문에 당신이 나를 쫓아내면 결국 내 언니도 따라 나오게 될 것이오."

집주인은 성큼성큼 안으로 들어가 공덕천에게 사실 여부를 확인했다.

"그렇습니다. 나를 이 집에 머물게 하려면 내 동생도 함께 있어야 합니다. 나는 항상 동생과 행동을 같이했고 한 번도 서로 헤어져본 일이 없습니다."

음과 양은 늘 함께 공존하지만 욕심 많은 인간은 광명만을 원하는 미련한 꿈을 꾼다.

# 장례비용

**자린고비**로 소문난 구두쇠가 죽어가고 있었다. 그의 임종을 지키기 위해 온 가족이 모인 자리에서 큰아들이 말했다.

"아버지가 돌아가시면 묘지까지 모시고 갈 영구차를 빌려야 할 텐데…."

그 말을 들은 막내아들이 말했다.

"아버지는 항상 롤스로이스를 가지는 게 꿈이셨어요. 아버님 생전에 그 차를 한 번도 타시지 못했으니 적어도 돌아가실 때만큼은 롤스로이스로 모시는 게 좋겠어요. 물론 편도죠. 무덤까지만…."

그러자 큰아들이 말했다.

"너는 너무 철이 없구나. 죽은 사람에게는 타고 가는 차가 무엇이든 아무 상관없단 말이야. 그러니 적당히 큰 차가 좋을 것 같다."

둘째 아들이 말했다.

"형은 어찌 그렇게 사치스럽소. 어쨌든 우리는 시신만 옮기면 되는 거 아닙니까. 내가 트럭을 가지고 있는 사람을 알고 있으니 그에게 부탁하는 게 아마도 훨씬 편하고 싸게 먹힐 거예요."

셋째 아들이 말했다.

"도대체 롤스로이스니 트럭이니 하고 떠들 필요가 뭐 있어요. 아버지가 결혼이라도 하신다는 겁니까? 아버지는 지금 묘지로 가시는 거예요. 그러니 아버지를 대문 밖 쓰레기통 옆에 내려놓으면 쓰레기를 치우는 트럭이 알아서 아버지를 데려갈 거예요. 그리고 그건 비용도 전혀 들지 않는단 말입니다."

이때 노인이 눈을 뜨고 말했다.

"내 구두가 어디 있느냐?"

그러자 아들들이 동시에 말했다.

"구두를 가지고 무얼 하시게요? 아버지는 그냥 쉬세요."

그러나 구두쇠 노인은 박박 우겼다.

"글쎄, 내 구두를 내놓으라니까."

큰아들이 말했다.

"아버지 고집은 못 말려. 얘들아, 아버지께서 구두를 신고 돌아가시고 싶은 모양이다. 구두를 내드려라."

구두쇠 노인이 구두를 신으면서 말했다.

"너희들은 장례비용에 대해 걱정하지 않아도 된다. 내게 아직 목숨이 남아 있으니 무덤까지 걸어가 그 옆에서 죽겠다. 얘들아, 거기에서 만나자. 다만 너희들이 너무 사치스럽다는 게 나를 괴롭히는구나. 나는 생전에 롤스로이스나 다른 아름다운 차에 대해 오직 꿈만 꾸었을 뿐이다. 꿈꾸는 것에는 돈이 전혀 들지 않지. 꿈은 공짜야. 그리고 너희들도 무엇이나 꿈꿀 수 있어."

결국 구두쇠 노인은 무덤까지 걸어갔고 그의 아들들과 친척들도 걸어서 그를 따라갔다. 그는 도착하자마자 바로 무덤 옆에서 죽었다.

어떤 자식이든 불효자일 수밖에 없다. 보통의 경우 부모님은 자식보다 짧은 시간을 살기 때문이다.

# 신사의 인생관

산해진미가 차려진 저녁 만찬에 스님 한 분이 초대되었다. 스님은 깔끔하게 차려입은 신사 옆에 자리를 잡고 앉았다. 식사를 마친 스님이 차를 마시면서 옆에 앉은 신사에게 물었다.

"당신은 왜 삽니까?"

"저는 약사입니다."

남자가 대답했다.

그러자 스님이 다시 물었다.

"그래요? 그것은 당신이 살기 위해 하는 일이고, 그것 외에 당신은 왜 살고 있지요?"

잠시 무거운 침묵이 흐른 뒤 약사가 대답했다.

"글쎄요. 저는 아직 그런 생각을 한번도 해본 적이 없는데요."

# 과수원의 도둑

**경찰서장**이 화가 난 목소리로 순찰 경관에게 소리쳤다.

"자네는 2년 동안이나 그 자리를 지키고 있으면서도 단 한 사람의 범인도 잡지 못하지 않았나!"

경찰서장은 말을 이었다.

"마지막으로 한 번 더 기회를 주겠다. 어떤 녀석이 데이비스 선생 댁 사과를 훔쳐가고 있다. 가서 그 도둑을 잡아와!"

경관은 곧바로 그곳으로 가 잠복근무에 들어갔다. 밤이 깊어지자 한 복면의 사나이가 과수원에서 보따리를 짊어지고 도망치고 있었다. 경관은 얼른 쫓아가 그를 붙잡아 보따리를 풀었다. 거기엔 값진 은화들이 들어 있었다. 그러자 경관은 복면의 사나이에게 보따리를 다시 돌려주며 말했다.

"미안합니다, 실수했군요. 나는 지금 사과 도둑을 찾고 있습니다."

# 토끼의 의문

토끼와 지네가 있었다. 지네의 많은 다리를 본 토끼는 궁금증에 사로잡혔다.

'어떻게 저 많은 다리로 걸을 수 있는 것일까? 저렇게 많은 다리를 어떻게 조종할까? 제일 먼저 움직여야 할 다리가 어느 것이고, 두 번째로 움직여야 할 다리는 어떤 것이고, 세 번째, 네 번째로는 또 어떤 다리를 움직여야 할까?'

궁금증을 참지 못한 토끼가 지네에게 물었다.

"아저씨, 나는 참으로 혼란스러워요. 아저씨가 그 다리들을 어떻게 조종하는지 도무지 상상할 수가 없어요. 만일 내가 아저씨처럼 그렇게 많은 다리를 가졌다면 나는 절대로 걸을 수 없을 거예요. 너무 당황했을 테니까요."

그러나 지네는 한 번도 그런 생각을 해본 적이 없었고 그 때문에 혼란을 느낀 적도 없었다. 지네가 대답했다.

"나는 전혀 그런 생각을 해보지 않았단다. 이제부터 그것에 대해서 생각해봐야겠다."

처음으로 그 점에 대해 지각한 지네는 자신의 다리를 바라보았다. 이 무수한 다리들! 순간 당황한 지네는 마침내 털썩 주저앉았다. 그 후로 지네는 더 이상 움직일 수 없었다.

생리적인 움직임들은 결코 말로 표현하고 생각하기 힘들다. 자연스러운 것이 가장 조화로운 것이다.

# 오늘 당장 실천하라

직원들을 믿지 못하는 사장이 있었다. 그는 직원들이 각자 맡은 일을 열심히 하지 않는다고 생각하며 언제나 고민했다. 결국 그는 한 심리학자에게 자문을 구했다. 그러자 그 심리학자가 담담하게 대답했다.

"사무실에 '내일은 오지 않는다. 그러므로 오늘 당장 실천하라!'라고 적힌 표어를 여러 군데 걸어두시오."

그래서 사장은 표어를 여러 개 만들어 책상과 벽 곳곳에 붙여놓았다. 그리고 그날 저녁에 심리학자가 상황을 살펴보러 왔다. 그가 들어서자 사장이 분통을 터뜨리며 버럭 고함을 쳤다.

"당신 때문에 난 완전히 망했소."

"도대체 어떻게 된 겁니까?"

"어떻게 됐냐고? 타이피스트는 동료 사원과 달아나버렸고,

수금원은 돈을 몽땅 가지고 도망쳤으며, 사환은 날 죽이려 했소. 이제 모든 게 끝장났단 말이오. 그들은 내게 이렇게 말했소. '오늘 당장 실천하라. 내일은 오지 않는다'."

부자들 중에 그들이 재산을 소유하고 있는 사람은 거의 없다. 재산이 그들을 소유하고 있는 것이다.

# 철학적 결정

**동물원**에 두 마리 사자가 있었다. 한 마리는 그 동물원에서 수년간 살아온 토박이였고, 다른 한 마리는 새로 이주한 사자였다.

그러던 어느 날, 신참 사자는 식사 시간에 자신은 항상 바나나 같은 열매 부스러기만 받고, 고참 사자는 맛 좋은 고기 덩어리를 받는다는 것을 알게 되었다. 그렇게 몇 주일이 지난 뒤 신참 사자는 용기를 내어 고참 사자에게 그 이유를 따져 물었다.

"당신이 연장자고 고참이라는 것은 알지만, 당신은 매일 맛 좋은 고기만 먹고 나는 매일 열매 부스러기나 먹으니 이게 말이 됩니까?"

그러자 고참 사자가 느긋하게 대답했다.

"아, 이 동물원 관리인은 철학을 공부하는 사람이지. 그리고 이 동물원은 넉넉지 못해서 사자 방이 딱 하나밖에 없어. 그래서 그 관리인이 자네에게는 원숭이 딱지를 붙여놓은 것이라네."

# 용감한 개

**어떤 왕**이 수백만 개의 거울이 달린 큰 궁전을 지었다. 그 궁전은 모든 벽이 거울로 뒤덮여 있었다.

그러던 어느 날 우연히 개 한 마리가 그 궁전에 들어왔다. 그 개는 거울에 비친 수백만 마리의 개들을 보았다. 그 개는 일순간 자신이 위험에 처했다고 생각하며 바짝 긴장했다. 그가 짖어대기 시작하자 그 수백만 마리의 개들도 동시에 짖기 시작했다.

다음날 아침 그 개는 죽은 채로 발견되었다. 그 개는 혼자 거기에 있었고, 그곳에는 오직 거울들만 있었다. 아무도 그 개와 싸우지 않았고, 그 안에는 싸울 만한 그 무엇도 없었다. 그 개는 거울 속의 자신을 보며 두려움을 느꼈고, 용기를 내어 싸움을 하려고 덤벼들자 수백만 마리의 개들도 같이 덤벼든 것이다.

# 보물의 꿈

어느 날 가난한 랍비가 꿈을 꾸었다. 어떤 도시의 다리 부근에 굉장한 보물이 숨겨져 있는데 그곳에 가면 그 보물을 찾을 수 있다는 내용이었다. 아침에 잠을 깬 랍비는 웃음이 절로 나왔다.

"말도 안되지. 거기가 얼마나 먼 곳인데. 백 리는 될 걸 아마. 꿈은 꿈일 뿐이야."

그런데 다음날 밤에도 그는 똑같은 꿈을 꾸었다. 그러자 랍비는 조금씩 믿음이 생기기 시작했다. 어쩌면 꿈이 아니라 신의 계시일지도 모른다는 생각이 들었다. 그렇지만 그에겐 하찮은 꿈 때문에 백 리나 되는 먼 길을 떠날 만한 용기가 없었다. 그는 무척 가난했기 때문에 설령 길을 떠난다 해도 누군가에게 여행 경비를 빌려야만 했다. 또한 그는 그 도시에 꿈에서 본 그런 다리가 정말 있는지조차 확신할 수가 없었다.

한 번도 그 도시에 가본 적이 없었기 때문이다.

셋째 날도 랍비는 똑같은 꿈을 꾸었다. 꿈은 완강하고 끈질기게 말하고 있었다.

"어서 가라. 가서 보물을 찾아라. 모두 네 것이다. 보물은 그 다리 바로 옆에 있었다."

그리고 이번엔 보물이 있는 그 장소뿐만 아니라, 주변의 모든 풍경까지 세세하게 또렷이 보였다.

다음날 아침 랍비는 그 다리를 향해 떠나기로 결심했다. 그는 여행 경비를 빌렸다. 그러나 막상 여행을 떠나자 수없는 의혹과 의심이 일었다.

"끝장을 내버려야지. 내가 직접 가서 확인을 해보리라."

드디어 목적지에 도착한 그는 깜짝 놀라지 않을 수 없었다. 정말 거기에 꿈에서 본 그 다리가 있었다. 게다가 주변 풍경과 나무들도 모두 꿈속의 광경과 똑같았다.

그런데 딱 한 가지 문제가 있었다. 꿈속에선 보이지 않던 경찰관 한 사람이 그 자리에 서 있었던 것이다.

자세히 보니 두 사람의 경찰관이 서로 교대를 하며 24시간 그 자리를 지키고 있었다. 그래서 그는 지나가는 사람들에게 왜 거기에 늘 경찰관이 있는지를 물었다. 그러자 사람들이 대답했다.

"저 다리에서 여러 명이 자살했거든요."

낙담한 그는 그냥 돌아갈 수도 없고 용기 있게 다리 아래를 파볼 수도 없어 다리 주위를 맴돌기 시작했다. 하루는 경찰관이 의심스럽다는 듯이 그를 불러 세웠다.

"여보시오. 당신 왜 여기서 서성이는 것이오? 혹시 자살하려는 거 아니오? 도대체 무엇 때문에 여기서 얼쩡거리쇼?"

가난한 랍비가 말했다.

"내 말 좀 들어보시오. 난 사실 이 다리엔 조금도 관심이 없소. 내가 여길 서성거리는 건 꿈 때문이오. 아주 생생한 꿈이었소."

그러면서 그는 경찰관에게 자신의 꿈 얘기를 들려주었다.

"이것이 내가 꾼 꿈인데, 당신이 서 있는 바로 그 자리, 세 자 깊이에 굉장한 보물이 있단 말이오."

경찰관은 킥킥대며 웃었다.

"당신은 정말이지 어리석기 짝이 없는 양반이군. 그런데 묘한 게 있기는 하오. 실은 나도 꿈을 꾸었는데 이러저러한 마을에 이러저러한 랍비가 살더란 말예요. 그런데 그 랍비의 침대 밑에 굉장한 보물이 있다는 꿈이었소. 이봐요, 그렇지만 난 그 따위 꿈엔 조금도 흥미가 없소. 꿈은 어디까지나 꿈에 지나지 않소. 난 당신처럼 바보가 아니란 말이오. 1백 리나 되는 그 마을을 찾아가고, 거기서 또 그 가난한 랍비를 찾아내 다시 그 랍비의 침대 밑을 파헤쳐보는 따위의 어리석은 짓은 하지 않는단 말이오. 아시겠소? 꿈은 어디까지나 꿈이란 말이오. 여보쇼. 얼른 집으로 돌아가시오. 얼른!"

가난한 랍비는 부랴부랴 집으로 돌아왔다. 집으로 돌아오자마자 그는 얼른 침대 밑을 파헤쳐보았다. 거기엔 정말로 굉장한 보물이 있었다.

## 필요악

**고통**을 참다못한 사내가 병원을 찾아왔다. 그는 고통으로 몸부림치고 있었다. 의사가 세밀하게 진찰한 뒤에 사내에게 술과 여자 그리고 노래를 멀리하라고 말했다.

그런 것들과 자신의 병이 무슨 관계가 있는지 전혀 알지 못하는 사내는 무척 불만스런 표정으로 대답했다.

"…어렵겠지만 그렇게 하겠습니다."

의사가 다시 말을 이었다.

"좋습니다. 그리고 한 가지 더, 담배도 끊어야 합니다."

사내가 이번엔 단호하게 말했다.

"그건 절대 안됩니다."

"왜죠?"

"난 아무것도 하지 않고 빈둥거리는 바보가 되고 싶진 않습니다."

나에게 있어 가장 중요한 보물은 늘 우리 곁에 있다. 그것은 가족이다.

# 훌륭한 가르침

한 여인이 아들을 데리고 랍비를 찾아와 이렇게 말했다.

"랍비! 이 아이는 아무리 꾸짖어도 도무지 말을 듣지 않고 설탕을 너무 많이 먹습니다. 제 말은 듣지 않아 랍비님에게 가자고 했더니 랍비님 말씀이라면 무엇이든지 듣겠다는 것입니다."

그 말을 들은 랍비는 소년을 보며 이렇게 말했다.

"3주 후에 다시 오너라."

여인은 매우 놀라며 속으로 이렇게 생각했다.

'먹지 말라고 한마디만 해주면 될 것을 3주 후에 다시 오라니…. 랍비님은 훌륭하신 분이고 아무리 어려운 문제라도 쉽게 풀어주시는데 이렇게 사소한 일을 3주일씩이나 미루다니…'

그로부터 3주일 후에 여인과 소년이 다시 랍비를 찾아왔다. 그런데 랍비는 다시 이렇게 말했다.

"3주일만 더 기다려라."

그러자 여인이 궁금함을 참지 못하고 물었다.

"왜 3주일을 더 기다려야 합니까?"

랍비가 대답했다.

"그저 3주일만 더 기다린 후에 다시 데려오시오."

다시 3주일이 지나 그들이 다시 왔을 때 랍비가 말했다.

"소년이여, 앞으로는 설탕을 먹지 말거라."

그러자 소년이 대답했다.

"랍비님, 잘 알겠습니다. 앞으로는 절대 설탕을 먹지 않겠습니다."

그 광경을 지켜본 여인이 물었다.

"랍비님, 한 가지만 더 묻겠습니다. 그 말씀을 해주시는 데 왜 6주일이나 걸려야 했습니까?"

랍비가 대답했다.

"나도 설탕을 무척 좋아했다. 그런데 어떻게 내가 이 아이에게 설탕을 먹지 말라고 할 수 있겠는가. 그것은 거짓이다. 그래서 나는 3주 동안 설탕을 먹지 않으려고 노력했다. 그러나 실패했다. 그래서 다시 3주일을 더 시도해봤다. 이제야 나는 설탕을 먹지 않게 되었다. 그래서 떳떳하게 말할 수 있었다. 소년아, 너는 설탕을 먹지 않고 살 수 있다. 보아라, 나이든 나도 이제 설탕을 안 먹거늘…. 너는 젊다. 너는 앞으로 무엇이든지 할 수 있다."

 가장 훌륭한 가르침은 백 마디의 말보다 한 번의 모범적인 행동이다.

# 악의 유혹


어느 날 절세미인이 죽었다. 그녀는 죽은 자신이 지옥에 있다는 것을 알게 됐다. 그녀는 급히 베드로에게 전화를 걸었다.

베드로가 말했다.

"조금만 참아주십시오. 천국에는 아직 빈방이 없습니다."

2주일 후 그녀는 다시 베드로에게 전화를 했다.

"베드로여, 사람들이 나에게 술을 먹게 하고, 담배를 피우게 합니다. 사람들이 나를 유혹하기 때문에 이곳에 있기가 정말 두렵습니다."

그러자 베드로가 그녀를 이렇게 타일렀다.

"아름다운 여인이여, 힘들어도 조금만 더 참고 계십시오. 이제 곧 천국에 당신의 방이 마련될 것입니다."

그로부터 나흘째 되는 날 밤, 여자는 다시 베드로에게 전화를 했다.

"베드로 선생, 전에 했던 말들은 다 잊어주세요. 진정한 인생의 즐거움을 맛보려거든 이곳으로 내려오세요. 여기야말로 내가 찾던 천국입니다."

선보다 악의 유혹에 빠지기 쉬우며 악의 유혹에 빠져 있을 때 우리는 그곳이 천국인 줄로 착각한다.

# 건강의 비결

**사이좋은** 형제가 있었다. 그들은 늘 똑같은 음식을 먹었다. 그러나 형은 하나의 그릇에, 동생은 두 개의 그릇에 음식을 나누어 먹었다. 동생은 한 그릇에는 쓴 음식, 다른 한 그릇에는 단 음식을 담았다. 그러나 형은 한 그릇에 단 음식과 쓴 음식을 섞어 먹었다.

세월이 흐르자 동생은 점점 쇠약해졌고 형은 건강해졌다.

동생이 형에게 물었다.

"형님, 형님의 건강 비결은 무엇인가요?"

형이 대답했다.

"너는 두 개의 그릇으로 음식을 먹었다. 너는 오직 단맛만을 제일로 여겼을 뿐 그 영양가에는 전혀 신경 쓰지 않았다. 그러나 나는 맛보다는 영양을 소중히 여겼던 것이다. 나는 쓴 음식과 단 음식을 한 곳에 섞어 먹었고, 그것이 내 건강의 비결이다. 나는 어떤 맛의 음식도 버리지 않고 모두 섭취했고, 그 결과 음식들은 나의 피가 되고 살이 되었다. 신(神)은 나에게 축복을 내렸다."

그 말을 들은 동생은 벌떡 일어나 두 개의 그릇에 담긴 쓴 음식과 단 음식을 한 그릇에 섞어 먹기 시작했다. 그리고 오래지 않아 동생은 원기를 회복하게 되었다.

 몸의 건강은 음식에 있지만 정신의 건강은 독서에 있다.

# 수상의 정신병

**인도**의 수상 네루가 정신병원을 방문했다. 그 병원에는 자신이 네루 수상이라고 자처하는 환자가 하나 있었다. 병원 원장은 그 환자에게 네루 수상을 직접 만나게 해주었다. 네루가 먼저 물었다.

"이곳에 얼마나 있었지요?"

환자가 대답했다.

"3년 동안 있었지. 이곳 사람들이 친절히 잘 대해주어서 이제 내 병은 깨끗이 완쾌되었소."

대답을 하고 잠시 생각에 잠겼던 환자가 느닷없이 네루 수상에게 물었다.

"그런데 당신은 누구요?"

네루 수상이 말했다.

"나는 인도 수상 네루입니다."

그러자 환자가 다정하게 말했다.

"걱정 마시오. 3년 안에 병은 깨끗이 나을 거요. 나도 처음 이 병원에 왔을 때는 내가 네루 수상이라고 생각했었지. 나도 당신과 똑같은 증세로 3년을 고생했거든."

 가끔 우리는 자신과 똑같은 잘못을 하는 사람에게 욕을 하곤 한다.

# 이상한 수입품

**캘커타** 대학의 교수이며 저명한 박사가 어떤 사람의 소변 표본을 채취하기 위해 랑군에 갔다.

그 사람의 병은 매우 희귀해 소변 성분이 보통 사람의 것과 완전히 다르다는 말을 들었던 것이다. 마침내 그 환자의 소변을 얻은 박사는 몹시 기뻐했다. 그러나 캘커타 공항에 도착한 박사는 세관의 저지를 받았다. 수입품에 관한 자료에 소변을 수입해도 좋다는 규정은 들어 있지 않았던 것이다.

세관원들은 이렇게 말했다.

"일단 여기에 맡겨두십시오. 적합한 규정이 있는지 상부와 상의해봐야겠습니다.

"그건 말도 안 되는 소리요."

"하지만 우리도 어쩔 수가 없습니다. 이 목록을 살펴보십시오. 지금까지 소변을 수입한 적은 단 한 번도 없습니다. 그리고 관세청도 이 부분에 대해서는 아는 바가 없다 합니다. 이것은 새로운 사례입니다."

결국 그 소변은 통관 허가가 나지 않아 세관 창고에 보관되었다. 그러자 답답한 박사가 하소연하듯 소리쳤다.

"이것은 48시간이 지나면 부패하고 말아요! 그러면 그건 아무런 소용도 없어요. 나는 이것이 지금 당장 필요하단 말입니다!"

# 현명한 선택


　**결혼**을 앞둔 음악가가 두 여자 사이에서 고민하고 있었다. 그가 사랑하는 여자는 아주 예뻤지만 그 미모에 비해 너무 가난했고, 또 다른 여자는 못생겼지만 부자에다 목소리가 아주 아름다운 훌륭한 가수였다.

　두 여자 사이에서 이러지도 저러지도 못하고 고민하던 그 음악가는 결국 가수를 선택하기로 했다. 비록 얼굴은 못생겼지만 돈도 있고 고운 목소리도 있었기 때문에 그녀와 결혼하면 생활이 어려워 고생하는 일은 없을 듯했다. 게다가 그의 꿈은 일생 동안 음악에 열중하는 것이었으므로 그 꿈 또한 이룰 수 있을 것 같았다.

　그러나 한 가지 문제가 있었다. 이 여자는 불쾌감을 줄 정도로 얼굴이 못생긴 것이다. 그들은 결혼식을 치렀고, 그날 밤에는 아무 문제가 없었다. 불을 끄면 못생긴 얼굴이 보이지 않았기 때문이다.

다음날 아침 잠에서 깬 음악가는 옆에 있는 그녀를 보았다. 그는 그 못생긴 얼굴을 보는 순간 말할 수 없는 불쾌감을 느꼈다. 그는 그녀의 옆구리를 찌르며 말했다.

"노래를, 빨리 노래를 부르시오!"

그는 그녀의 못생긴 얼굴을 잊기 위해 노래를 부르라고 미친 듯 소리치고 있었다.

현재의 고민만 해결하면 다시는 고민거리가 없을 것 같지만 고민과 해결은 물고 물리는 공생관계이다.

# 돈의 정의

**한적한** 시골에서 농사를 짓는 농부에게 돈 많은 부자가 찾아와 많은 돈을 주겠다고 했다. 그는 대단한 부자였으나 매우 형식적이고 권위주의적인 사람이었다. 농부가 부자에게 말했다.

"지금 당장은 돈이 필요치 않습니다. 그러나 가끔 필요할 때가 있으니 그때 가서 부탁하겠습니다."

부자는 농부가 돈을 받을지 받지 않을지를 시험하고 있는 중이었다. 그런데 농부가 난해하게 대답하자 그는 당황하지 않을 수 없었다. 농부는 돈을 받지 않았지만 그렇다고 거절하지도 않은 것이다. 입장이 난처해진 부자가 말했다.

"당신은 나를 당황하게 만드는군요. 내가 당신에게 돈을 주려는 것은 내 스승의 지시 때문입니다. 나의 스승께서 말씀하시길, '가서 그 농부에게 돈을 주거라. 그러면 그가 깨달음을 성취했는가, 그러지 못했는가를 알 수 있을 것이다. 깨달음을 성취했다면 그는 당장 돈을 거절할 것이다.'라고 말씀하셨소."

그러면서 부자는 마지막으로 이렇게 말했다.

"이 돈이 필요 없다면 몰라도 그렇지 않다면 받아주시오."

그러자 농부가 미소를 지으며 말했다.

"이것 보시오. 돈은 신이 아니오. 그렇다고 해서 더러운 것도 아닙니다. 돈은 그저 돈일 뿐입니다."

 돈을 절실히 필요로 하는 사람은 그만큼 절박한 위험에 처해 있다.

# 마음의 병


 어느 날 밤 한 사내가 꿈을 꾸었는데 그의 입으로 커다란 뱀 한 마리가 기어들어왔다. 그는 깜짝 놀라 소리치며 잠에서 깨어났다. 눈을 떴지만 마치 뱃속에서 뱀이 꿈틀거리고 있는 듯했다. 당황한 그는 병원을 찾아가 X레이를 찍었다. 그러나 X레이에는 아무것도 나오지 않았다.

 사내가 말했다.

 "틀림없이 뱃속에 뱀이 들어갔습니다. X레이에는 나타나지 않지만 틀림없이 뱀이 들어갔습니다. 보십시오. 지금 이 순간에도 뱀이 꿈틀거리는게 느껴져요. 정말 미칠 지경입니다."

 그러나 검사 결과 그의 뱃속에는 뱀이 없었다.

 그는 랍비를 찾아가 상황을 설명했다. 그러자 모든 이야기를 듣고 난 랍비가 침착하게 말했다.

 "그대여, 너무 걱정 말게. 내일 아침이면 그 뱀은 반드시 다시 나올 것이네."

그렇게 말한 랍비는 뱀 한 마리를 잡아 그의 아내에게 건네주면서 말했다.

"내일 아침 당신의 남편이 일어나기 직전에 이 뱀을 이불 밑에 넣으시게."

다음날 아침, 그는 눈을 뜨자마자 커다란 뱀 한 마리가 이불 속에서 꿈틀거리고 있는 것을 보았다. 그는 기겁을 하며 이불을 박차고 뛰쳐나왔다.

"봐라! 이걸 봐라! 뱀이 나왔다. 입으로 들어간 뱀이 도로 나왔다. 그래도 뱀이 없다고 하는가. 의사들은 모두 멍청이들이다!"

그 순간 그의 병은 씻은 듯이 나았다.

가장 큰 중병은 어딘가 아프다고 여기는 우리의 생각이다.

# 진찰 기록

**훌륭한** 과학자가 꿈이었던 젊은 남자가 있었다.

그러나 그의 아버지는 쓸모 없는 일이라며 그의 과학 연구를 반대했다.

"시간을 낭비하지 마라. 차라리 의사가 되는 것이 낫다. 그것이 돈도 더 많이 벌 수 있고, 많은 사람들에게 도움이 될 것이다."

아버지는 아들을 설득했고, 아들은 결국 의사가 되었다.

그가 의사가 된 뒤 처음으로 맞이한 환자는 폐렴을 앓고 있는 재단사였다. 그는 책을 뒤져 폐렴에 관련된 내용을 찾고 또 찾았다.

기다리다 지친 환자가 물었다.

"얼마나 더 기다려야 합니까?"

그러자 의사가 된 과학자가 말했다.

"내가 보기엔 병이 나을 가망이 없습니다. 이 병에는 치료법이 없기 때문입니다."

재단사인 환자는 절망하며 집으로 돌아갔다.

2주일 후, 재단사의 집 앞을 지나가던 의사는 재단사가 건강하고 활기찬 모습으로 일하고 있는 것을 보게 되었다. 놀란 의사가 재단사에게 물었다.

"당신이 지금까지 살아 있다니 믿어지지 않습니다. 많은 의학 문서를 찾아보았지만 이런 기적은 불가능합니다. 어떻게 병이 나았습니까?"

그러자 재단사가 말했다.

"일주일 안에 죽을 것이라는 당신의 말을 듣고 나는 여생을 즐기기로 했습니다. 감자 팬케이크는 내가 가장 좋아하는 것입니다. 나는 병원을 나와 곧장 식당으로 가서 서른두 개의 감자 팬케이크를 먹었습니다. 다 먹자마자 격렬한 힘의 파동이 느껴졌습니다. 그리고 완전히 회복되었습니다."

의사는 그의 말을 진찰 기록에다 적어 넣었다. 서른두 개의 감자 팬케이크는 심한 폐렴에 확실한 치료제가 된다고. 그리고 얼마 후 또다시 폐렴 환자가 찾아왔다. 그는 나이 어린

제화공이었다.

"내가 폐렴의 완벽한 치료법을 알고 있으니 걱정하지 마시오. 지금 여기서 나가는 대로 서른두 개의 팬케이크를 먹도록 해요. 서른두 개 이하가 아니라면 당신은 반드시 나을 겁니다. 그렇지 않으면 일주일 안에 죽을 것이오."

일주일 후, 의사는 기쁜 마음으로 제화공 집의 문을 두드렸다. 그러나 아무도 문을 열지 않았다. 옆집 사람이 말했다.

"그는 죽었소. 당신이 처방한 감자 팬케이크가 그를 죽게 만들었습니다."

의사는 곧바로 진찰 기록에 이렇게 적었다. 서른두 개의 감자 팬케이크가 재단사는 도와주었지만 제화공은 죽게 만들었다고….

# 삶의 목적

**여행**을 하던 나그네가 한 랍비에게 물었다.
"삶의 의미란 무엇입니까?"
랍비가 대답했다.
" 거기에 의미는 없다.
 삶은 있는 그대로이다."
그러나 나그네는 랍비의 대답에 만족하지 못했다.
"나는 먼 곳에서 왔소."
나그네는 계속해서 말했다.
" 나를 빈손으로 돌려보내지 마시오.
 나는 단 한 가지만을 물으러 왔소.
 삶의 의미란 무엇입니까?"
랍비는 말했다.

"내가 당신을 빈손으로 보낼 때, 바로 그때만이 당신의 여행은 진정 의미 있는 여행이 될 거요.
왜냐하면 빈손으로 가는 것이 바로 삶의 목적이기 때문이오."

의사는 병을 고치는 사람이다. 하지만 때로는 새로운 병을 만들어내는 사람이다.

# 직업은 못 속여

 짙은 안개 때문에 비행기가 항로를 찾지 못해 위험한 상태였다. 승객들은 모두 공포로 떨고 있었다. 그러나 승객들 가운데 목사만은 침착함을 잃지 않았다. 그는 그 어려운 상황을 훌륭하게 통제했다.
 "자, 우리 모두 무릎을 꿇고 기도합시다."
 목사가 말하자 소규모 마권업자 한 사람을 제외하고는 모두 무릎을 꿇었다.
 "당신은 왜 함께 기도하지 않죠?"
 목사가 물었다.
 "난 기도를 어떻게 하는지 모릅니다."
 마권업자는 솔직하게 고백했다.
 "어려울 것 하나도 없습니다. 지금 이 순간 당신이 교회에 있다고 생각하고 해보십시오."

목사가 친절하게 말했다. 그러자 마권업자는 통로 아래쪽으로 걸어가더니 모자를 벗어 헌금을 걷기 시작했다.

 습관만큼 무서운 것은 없다. 습관은 무의식 속에서 우리를 움직이기 때문이다.